Rosner

Mathe gut erklärt

Abitur mit hilfsmittelfreiem Teil

für Bayern, Bremen,
Hamburg, Niedersachsen,
Mecklenburg-Vorpommern, Sachsen

Freiburger Verlag

Gedruckt auf chlorfrei gebleichtem Papier

Inhaltsverzeichnis

Vorwort

Liebe Schülerinnen und Schüler,

dieses Buch soll Sie dabei unterstützen,

• sich in den letzten beiden Schuljahren optimal auf Klausuren und auf das Abitur in Mathematik vorzubereiten.

• sich alle Lehrplaninhalte anhand verständlicher und übersichtlicher Stoffzusammen-fassungen anzueignen.

• Ihr gewonnenes Wissen anhand von Basisübungen mit ausführlichen Lösungen schnell und prüfungsbezogen zu vertiefen.

• die Abituraufgaben der vergangenen Jahrgänge zu bearbeiten, da Sie hiermit ein Nachschlagewerk zur Verfügung haben.

• durch Erfolge neue Motivation für das Fach Mathematik zu bekommen.

Liebe Fachkolleginnen und Fachkollegen,

dieses Buch soll Sie dabei unterstützen,

• die zeitintensive Stoffwiederholung, Klausur- und Abiturvorbereitung teilweise aus dem Unterricht auslagern zu können.

• auf diese Weise mehr Zeit für verständnisorientierten Unterricht zu gewinnen.

• sicherzustellen, dass Ihre Schülerinnen und Schüler über ausreichendes Basiswissen verfügen.

I. Grundlagen Analysis

1. Funktionen

1.1 Ganzrationale Funktionen (Polynome)

1. Grades (Geraden)	2. Grades (Parabeln)
Hauptform : $y = mx + b$	**Allg.:** $f(x) = ax^2 + bx + c$
Steigung aus 2 Punkten: $m = \dfrac{y_2 - y_1}{x_2 - x_1}$	Scheitelpunkt-Ansatz: $f(x) = a \cdot (x - x_s)^2 + y_s$ mit $S(x_s \mid y_s)$
Punkt-Steigungs-Form (PSF): $y = m \cdot (x - x_1) + y_1$	$a > 0$: nach oben geöffnet bzw. Verlauf von II nach I
Steigungswinkel aus Steigung bestimmen: $m = \tan(\alpha)$	$a < 0$: nach unten geöffnet bzw. Verlauf von III nach IV
Parallele Geraden: $m_1 = m_2$ (gleiche Steigung)	Bei Symmetrie zur y-Achse: $f(x) = ax^2 + c$ (nur gerade Hochzahlen)
Senkrechte (orthogonale) Geraden: Steigungen sind negative Kehrwerte voneinander: $m_2 = -\dfrac{1}{m_1}$ bzw. $m_1 \cdot m_2 = -1$	
1. Winkelhalbierende: $y = x$ $(m = 1)$ 2. Winkelhalbierende: $y = -x$ $(m = -1)$	
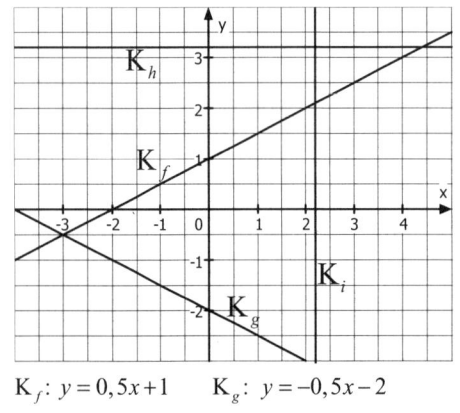	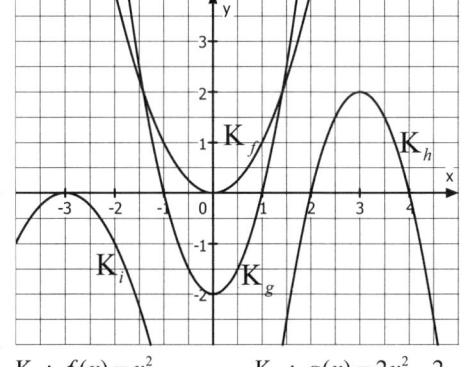
K_f: $y = 0,5x + 1$ K_g: $y = -0,5x - 2$ K_h: $y = 3,2$ K_i: $x = 2,2$	K_f: $f(x) = x^2$ K_g: $g(x) = 2x^2 - 2$ K_h: $h(x) = -2(x - 3)^2 + 2$ K_i: $i(x) = -(x + 3)^2$

3. Grades	4. Grades
Allg.: $f(x) = ax^3 + bx^2 + cx + d$	**Allg.:** $f(x) = ax^4 + bx^3 + cx^2 + dx + e$
$a > 0$: Verlauf von III nach I	$a > 0$: Verlauf von II nach I
$a < 0$: Verlauf von II nach IV	$a < 0$: Verlauf von III nach IV
Ansatz bei Symmetrie zum Ursprung:	Ansatz bei Symmetrie zur y-Achse:
$f(x) = ax^3 + cx$ (nur ungerade Hochzahlen)	$f(x) = ax^4 + cx^2 + e$ (nur gerade Hochzahlen)
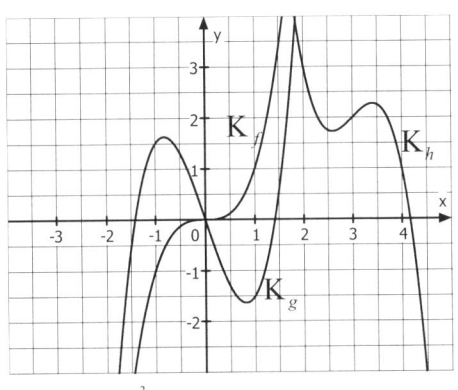	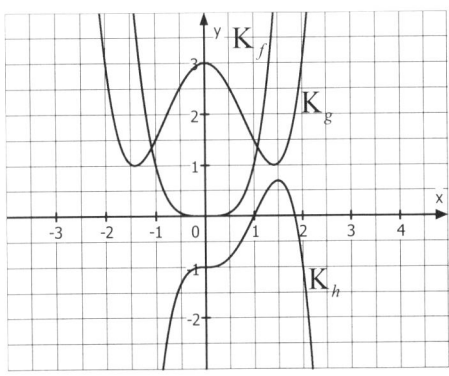
$K_f: f(x) = x^3$	$K_f: f(x) = x^4$
$K_g: g(x) = 1,5x^3 - 3x$	$K_g: g(x) = 0,5x^4 - 2x^2 + 3$
$K_h: h(x) = -2x^3 + 18x^2 - 53x + 53$	$K_h: h(x) = -x^4 + 2x^3 - 1$

Die Quadranten

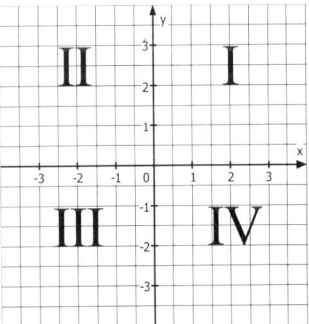

Tipp (für alle ganzrationalen Funktionen)

$a > 0$: Verlauf von ... nach **I** („endet **oben**")

$a < 0$: Verlauf von ... nach **VI** („endet **unten**")

1.2 Der Nullstellenansatz und die Vielfachheit von Nullstellen

Beispiele

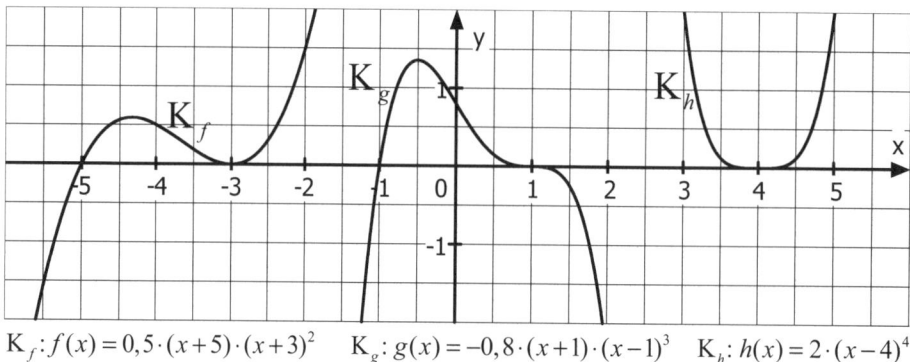

$$K_f : f(x) = 0,5 \cdot (x+5) \cdot (x+3)^2 \qquad K_g : g(x) = -0,8 \cdot (x+1) \cdot (x-1)^3 \qquad K_h : h(x) = 2 \cdot (x-4)^4$$

Aufbau des Nullstellenansatzes (am Beispiel)

$$g(x) = -0,8 \cdot (x+1) \cdot (x-1)^3$$

Verlauf von III nach IV	$x_0 = -1$ ist einfache Nullstelle	$x_{1/2/3} = +1$ ist dreifache Nullstelle

Übersicht (für ganzrationale Funktionen)

Vielfachheit Nullstelle	Faktor im Nullstellenansatz	Skizze	Beschreibung
Einfache Nullstelle: x_0	$f(x) = \dots \cdot (x - x_0) \cdot \dots$		Schaubild **schneidet** x-Achse (mit Vorzeichenwechsel VZW)
Doppelte Nullstelle: x_0	$f(x) = \dots \cdot (x - x_0)^2 \cdot \dots$		Schaubild **berührt** x-Achse (ohne VZW)
Dreifache Nullstelle: x_0	$f(x) = \dots \cdot (x - x_0)^3 \cdot \dots$		Schaubild **schneidet** und **berührt** x-Achse (mit VZW)
Vierfache Nullstelle: x_0	$f(x) = \dots \cdot (x - x_0)^4 \cdot \dots$		Schaubild **berührt** x-Achse (ohne VZW) („breiter" geformt als doppelte Nullstelle)

1.3 Gebrochenrationale Funktionen

Allg. $f(x) = \dfrac{\textit{(ganzrationale) Funktion}}{\textit{(ganzrationale) Funktion}}$ Beispiel: $f(x) = \dfrac{-2x^2 + 3x}{x+2}$ $\left(\text{mit } D = \mathbb{R} \setminus -2\right)$

1. Untersuchung auf senkrechte Asymptoten

Zu x-Werten, die im **Nenner** zum **Wert 0** führen, kann kein y-Wert errechnet werden, da nicht durch 0 geteilt werden darf.

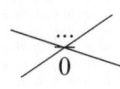

Diese x-Werte sind nicht in der Definitionsmenge der Funktion enthalten und stellen somit **Definitionslücken** dar.

An einer Definitionslücke kann das Schaubild eine **senkrechte Asymptote** aufweisen.

Fall 1 : Polstelle mit Vorzeichenwechel (einfache Nullstelle des Nenners)

Beispiel: $f(x) = \dfrac{1}{x-1}$ $\left(\text{mit } D = \mathbb{R} \setminus 1\right)$

Senkrechte Asymptote: $x = 1$

Für $x \to 1$ $(x < 1)$ gilt: $f(x) \to -\infty$
Für $x \to 1$ $(x > 1)$ gilt: $f(x) \to +\infty$

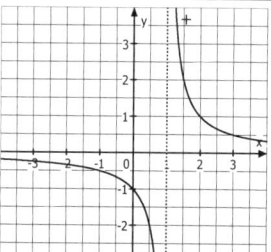

Fall 2 : Polstelle ohne Vorzeichenwechel (doppelte Nullstelle des Nenners)

Beispiel: $f(x) = \dfrac{1}{(x-1)^2}$ $\left(\text{mit } D = \mathbb{R} \setminus 1\right)$

Senkrechte Asymptote: $x = 1$

Für $x \to 1$ $(x < 1)$ gilt: $f(x) \to +\infty$
Für $x \to 1$ $(x > 1)$ gilt: $f(x) \to +\infty$

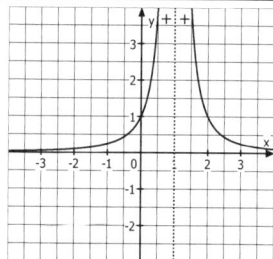

Fall 3 (Ausnahme) **: Keine Polstelle (auch** Nullstelle des **Zählers)**

Beispiel: $f(x) = \dfrac{x^2 - 1}{x-1}$ $\left(\text{mit } D = \mathbb{R} \setminus 1\right)$

Keine senkrechte Asymptote (trotz Definitionslücke)

Grund: $f(x) = \dfrac{x^2 - 1}{x-1} = \dfrac{\cancel{(x-1)} \cdot (x+1)}{\cancel{(x-1)}} = x + 1$

Die Definitionslücke ist nach dem Kürzen „verschwunden". Sie ist also (be-)**hebbar.**
(Wobei die Ausgangsfunktion diese noch immer aufweist, siehe Schaubild.)

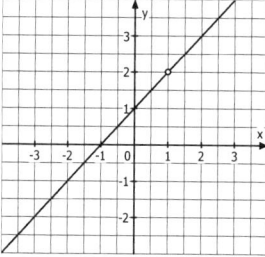

2. Untersuchung auf waagrechte Asymptoten (Verhalten für $x \to \pm\infty$)

Fall 1: Zählergrad < Nennergrad: x-Achse ist waagrechte Asymptote

$$f(x) = \frac{1}{2x+4} \quad \left(\frac{\text{Grad } 0}{\text{Grad } 1}\right)$$

waagrechte Asymptote: $y = 0$ (x-Achse)

$$f(x) = \frac{-2x+1}{3x^2-3} \quad \left(\frac{\text{Grad } 1}{\text{Grad } 2}\right)$$

waagrechte Asymptote: $y = 0$ (x-Achse)

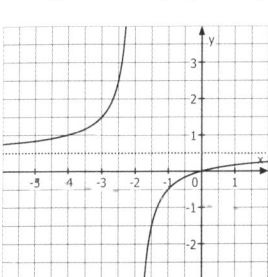

Fall 2: Zählergrad = Nennergrad: Waagrechte Asymptote

$$f(x) = \frac{1x}{2x+4} \quad \left(\frac{\text{Grad } 1}{\text{Grad } 1}\right)$$

waagrechte Asymptote: $y = \dfrac{1}{2}$

$$f(x) = \frac{-2x^2+1}{3x^2-3} \quad \left(\frac{\text{Grad } 2}{\text{Grad } 2}\right)$$

waagrechte Asymptote: $y = -\dfrac{2}{3}$

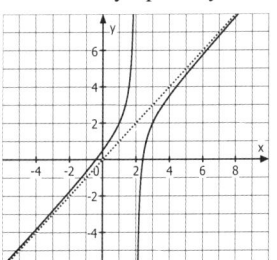

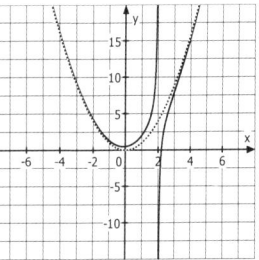

Fall 3: Zählergrad > Nennergrad: Sonstige Asymptoten (nicht waagrecht)

$$f(x) = \frac{x^2-2x-1}{x-2} \overset{*}{=} x - \frac{1}{x-2} \quad \left(\frac{\text{Grad } 2}{\text{Grad } 1}\right)$$

schiefe Asymptote: $y = x$

$$f(x) = \frac{x^3-2x^2-1}{x-2} \overset{*}{=} x^2 - \frac{1}{x-2} \quad \left(\frac{\text{Grad } 3}{\text{Grad } 1}\right)$$

parabelförmige Näherungskurve: $y = x^2$

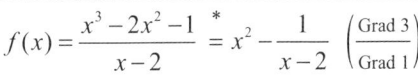

Schiefe Asymptote, da Zählergrad um 1 höher als Nennergrad.

Für die obige Umformungen * ist eine Polynomdivision (S. 35) nötig.

1.4 Exponentialfunktionen

1. Verlauf : $f(x) = e^x$

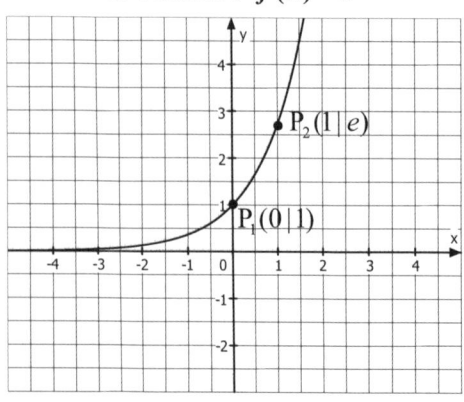

2. Spiegelungen

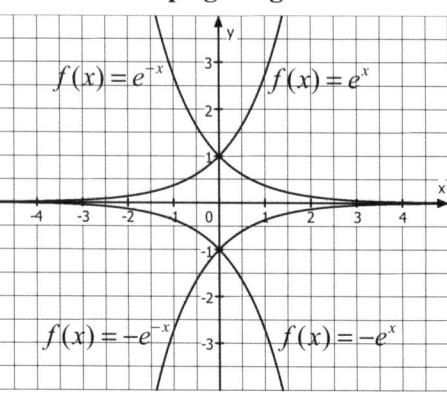

3. Koeffizienten in : $f(x) = a \cdot e^{b \cdot (x-c)} + d$

a - Streckung / Stauchung in y-Richtung

$a > 1$:   „steiler"
$0 < a < 1$: „flacher"
($a < 0$:   an der x-Achse gespiegelt)

b - ansteigendes oder fallendes Schaubild

$b > 0$:   ansteigendes Schaubild
$b < 0$:   fallendes Schaubild
           (bzw. an der y-Achse gespiegelt)

c - Verschiebung in x-Richtung

$c > 0$:   nach rechts
$c < 0$:   nach links

d - Verschiebung in y-Richtung
($y = d$ ist Asymptote)

$d > 0$:   nach oben
$d < 0$:   nach unten

Vorsicht beim Koeffizienten c

Das Schaubild zu $f(x) = e^{x-3}$ wurde um 3 Einheiten
nach *rechts* verschoben!
Der Koeffizient c hat hier den Wert $+3$, das Minuszeichen
kommt vom allgemeinen Ansatz der Funktion.

Entsprechend $f(x) = e^{x+2}$: Verschiebung um 2 nach *links*!

4. Asymptoten (Näherungsgeraden)

Beispielfunktion	Asymptote	Schaubilder
$f(x) = e^x$	$y = 0 \ (x-\text{Achse})$ für $x \to -\infty$	
$g(x) = e^x + 2,2$	$y = 2,2$ für $x \to -\infty$	
$h(x) = e^{-x} + 2,2$	$y = 2,2$ für $x \to +\infty$	
$i(x) = e^{-x} + x - 1$	$y = x - 1$ für $x \to +\infty$	
$j(x) = 0,5e^{x-2} + x - 1$	$y = x - 1$ für $x \to -\infty$	

1. Regel (Asymptotengleichung): $y =$„Exponentialgleichung ohne $e^{\cdots x}$ "

Man erhält die Asymptotengleichung, indem man die Gleichung der Exponentialfunktion schlicht übernimmt, jedoch hierbei auf den Summanden im Funktionsterm, der $e^{\cdots x}$ enthält (dieser strebt gegen 0), verzichtet.

2. Regel (Annäherungsrichtung): Bei e^{n+x^n} für $x \to -\infty$ bzw. bei e^{n-x^n} für $x \to +\infty$

Die Annäherungsrichtung wird durch den Summanden im Funktionsterm, der $e^{\cdots x}$ enthält, festgelegt: Steht vor dem x im Exponenten ein Pluszeichen, so nähert sich die Asymptote für große negative x-Werte („links" im Koordinatensystem) dem Schaubild an.
Steht hier hingegen ein Minuszeichen, so findet die Annäherung bei großen positiven x-Werten („rechts" im Koordinatensystem) statt.

5. Anwendungen

Wachstumsvorgänge werden oft mit dem Typ $f(x) = e^{n+x^n}$ modelliert, Zerfallsvorgänge hingegen mit $f(x) = e^{n-x^n}$.

1.5 Trigonometrische Funktionen

1. Verlauf

$$f(x) = \sin(x)$$ $$f(x) = \cos(x)$$

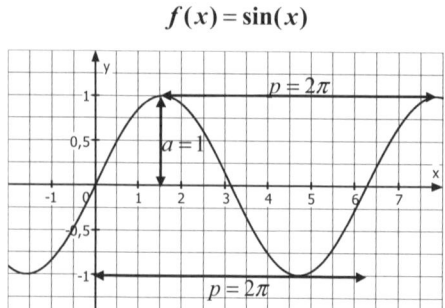 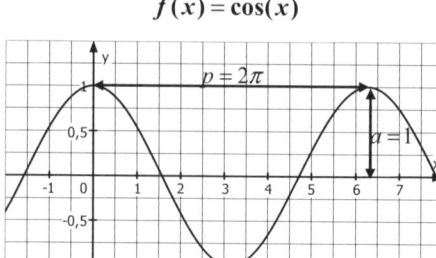

2. Koeffizienten: $f(x) = a \cdot \sin\big(b \cdot (x - c)\big) + d$ und $f(x) = a \cdot \cos\big(b \cdot (x - c)\big) + d$

a - Amplitude
($|a|$, also „Zahl a ohne Vorzeichen",
gibt max. Abstand zur „Mittellinie" an)
(Streckung in y-Richtung)

$$\left(a < 0: \begin{array}{l} \text{an der } x\text{-Achse} \\ \text{gespiegelt} \end{array} \right) \qquad \left(a = \frac{y_{max} - y_{min}}{2} \right)$$

b - entscheidet Periodenlänge
(„Dauer eines Durchlaufes")

$$\left(\text{Streckung in } x\text{-Richtung um } \frac{1}{b} \right)$$

$$b = \frac{2\pi}{p} \quad \left(\begin{array}{l} p \text{ entspricht der} \\ \text{Periodenlänge} \end{array} \right)$$

c - Verschiebung in x-Richtung

$c > 0:$ nach rechts
$c < 0:$ nach links

d - Verschiebung in y - Richtung
(„Höhe der Mittellinie")

$d > 0:$ nach oben
$d < 0:$ nach unten

$$\left(d = \frac{y_{max} + y_{min}}{2} \right)$$

Vorsicht beim Koeffizienten c

Das Schaubild zu $f(x) = \sin(x - 3)$ wurde um 3 Einheiten
nach *rechts* verschoben!
Der Koeffizient c hat den Wert $+3$, das Minuszeichen
kommt vom allgemeinen Ansatz der Funktion.

Entsprechend $f(x) = \sin(x + 2)$: Verschiebung um 2 nach *links*!

Beispiel 1 (Zusätzlich ist das Schaubild von $f(x) = \sin(x)$ gestrichelt eingezeichnet.)

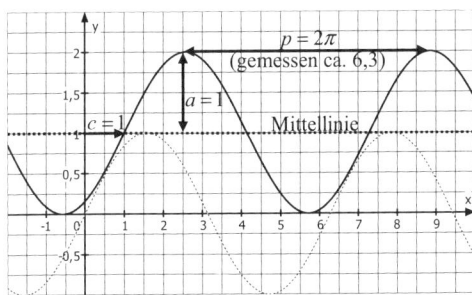

$\Rightarrow f(x) = \sin(x-1) + 1$

$\big($Alternativ: $f(x) = \cos(x - 2,57) + 1\big)$

Mit $\boldsymbol{f(x) = a \cdot \sin\big(b \cdot (x-c)\big) + d}$:

- $d = 1$ Mittellinie auf Höhe $+1$

$$\left(\text{oder mit } \frac{2+0}{2} = \frac{2}{2} = 1\right)$$

- $a = 1$ (max. Abstand von 1 zur

Mittellinie) $\left(\text{oder mit } \dfrac{2-0}{2} = \dfrac{2}{2} = 1\right)$

- $c = 1$ Verschiebung um 1 nach rechts

- $b = \dfrac{2\pi}{p} = \dfrac{2\pi}{2\pi} = 1$

Beispiel 2

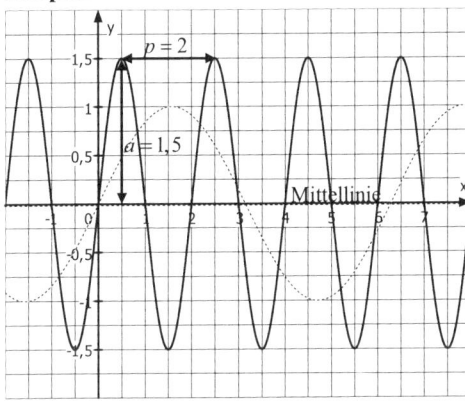

$\Rightarrow f(x) = 1,5 \cdot \sin(\pi \cdot x)$

$\big($Alternativ: $f(x) = 1,5 \cdot \cos\big(\pi \cdot (x - 0,5)\big)\big)$

Mit $\boldsymbol{f(x) = a \cdot \sin\big(b \cdot (x-c)\big) + d}$:

- $d = 0$ Mittellinie auf Höhe 0

$$\left(\text{oder mit } \frac{1,5 + (-1,5)}{2} = \frac{0}{2} = 0\right)$$

- $a = 1,5$ max. Abstand von 1,5 zur

Mittellinie $\left(\text{oder mit } \dfrac{1,5 - (-1,5)}{2} = \dfrac{3}{2}\right)$

- $c = 0$ keine Verschiebung bei $\sin$

- $b = \dfrac{2\pi}{p} = \dfrac{2\pi}{2} = \pi$

Tipp

Arbeiten Sie die Koeffizienten in
dieser Reihenfolge ab!

Äußere Koeffizienten regeln Eigenschaften,
die an der $\boldsymbol{y}$ **- Achse** gemessen werden.

$$f(x) = a \cdot \sin\big(b \cdot (x-c)\big) + d$$
$$f(x) = a \cdot \cos\big(b \cdot (x-c)\big) + d \qquad \textbf{Hilfe}$$

Innere Koeffizienten regeln Eigenschaften,
die an der $\boldsymbol{x}$ **- Achse** gemessen werden.

3. Anwendungen

Periodische Vorgänge, also Vorgänge, die sich in gleichen Zeitabschnitten wiederholen,
werden oft mit trigonometrischen Funktionen modelliert.

1.6 Wurzelfunktion

$f(x) = \sqrt{x}$

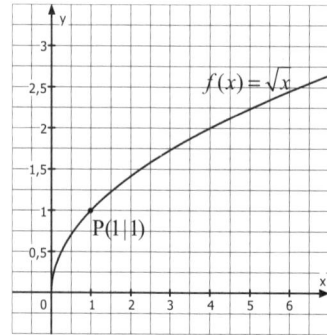

- **Definitionsmenge :** $D = \{x \in \mathbb{R} \mid x \geq 0\}$

Es dürfen nur positive x-Werte und der x-Wert 0 selbst eingesetzt werden.
(Aus einer negativen Zahl kann keine Wurzel „gezogen" werden.)

- **Wertemenge :** Man erhält nur positive y-Werte und den y-Wert 0 selbst.

Hinweis

$f(x) = \sqrt{x}$ ist die Umkehrfunktion (s. nächste Seite) zu $g(x) = x^2$ (für $x \geq 0$).

1.7 Natürliche Logarithmusfunktion

Allg. $f(x) = \ln(x)$

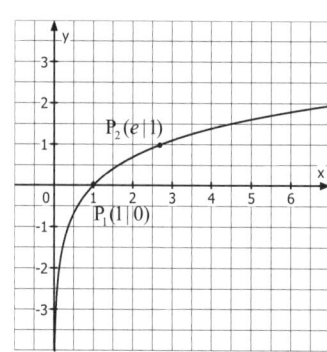

- **Definitionsmenge :** $D = \{x \in \mathbb{R} \mid x > 0\}$

Es dürfen nur positive x-Werte eingesetzt werden.
(Der Logarithmus ist nur für positive Zahlen definiert.)

- **Wertemenge :** Man erhält alle reellen Zahlen als y-Werte.

Grenzwerte

- Für sehr kleine positive x-Werte streben die y-Werte gegen $-\infty$
(für $x \to 0$ $(x > 0)$ gilt: $f(x) \to -\infty$).

- Für sehr große positive x-Werte streben die y-Werte gegen $+\infty$
(für $x \to \infty$ gilt: $f(x) \to +\infty$).

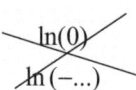

Hinweis

$f(x) = \ln(x)$ ist die Umkehrfunktion (s. nächste Seite) zu $g(x) = e^x$.

1.8 Umkehrfunktion $f^{-1}(x)$

• Begriffserklärung

Stellen Sie sich die Wertetabelle zu einer gegebenen Funktion vor. Vertauschen Sie nun gedanklich die x- und y-Werte aller Kurvenpunkte (Beispiel: P(1 | 4) → P'(4 | 1)). Das Schaubild welcher Funktion verläuft durch alle Punkte der „neuen" Wertetabelle? Das Schaubild der zugehörigen Umkehrfunktion!

Beispiel : Umkehrfunktion zu $f(x) = 2x + 2$.

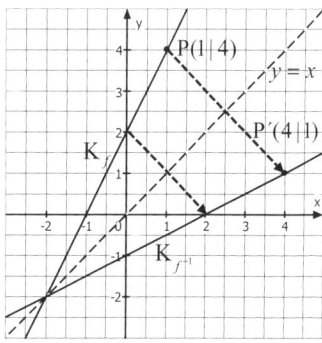

• Rechnerische Bestimmung

1. Schritt : Vertauschen von x und y.

$y = 2x + 2$

$x = 2y + 2$

2. Schritt : Auflösen nach y. Ersetzen durch $f^{-1}(x)$.

$$x = 2y + 2 \quad | -2$$

$$x - 2 = 2y \quad | : 2$$

$$0{,}5x - 1 = y \;\Rightarrow\; f^{-1}(x) = 0{,}5x - 1$$

• Grafische Bestimmung

Spiegelung an der 1. Winkelhalbierenden ($y = x$).

• Spezielle Umkehrfunktionen

$f(x) = x^2$ (für $x > 0$) und $f^{-1}(x) = \sqrt{x}$

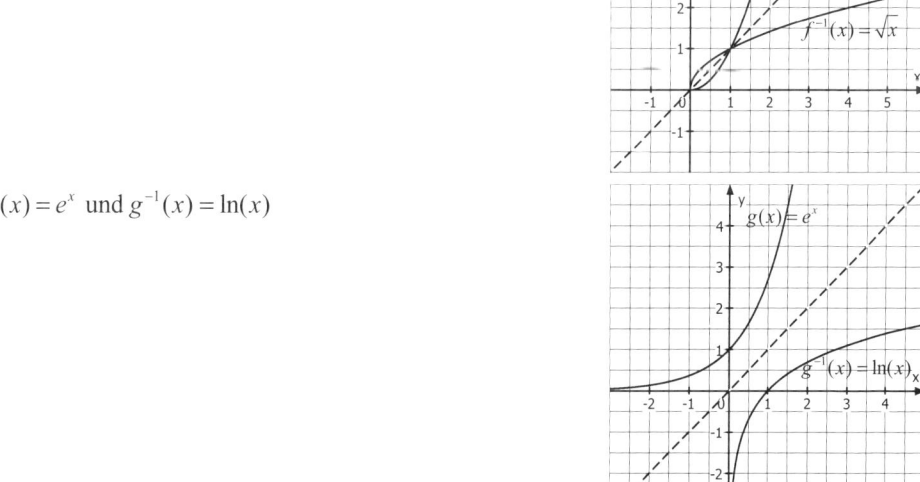

$g(x) = e^x$ und $g^{-1}(x) = \ln(x)$

1.9 Übersicht: Spiegeln, Strecken und Verschieben $f(x)$ $\rightarrow$

	Spiegeln an ...		Strec-
	... x - Achse	**... y - Achse**	**... y - Richtung**
$f(x) = x^2$	$g(x) = -x^2$	$g(x) = (-x)^2 = x^2$	$g(x) = 2 \cdot x^2$ $\left(\begin{array}{c}\text{gestreckt mit Faktor 2}\\ \text{in } y\text{-Richtung}\end{array}\right)$
$f(x) = e^x$	$g(x) = -e^x$	$g(x) = e^{-x}$	$g(x) = 0,5 \cdot e^x$ $\left(\begin{array}{c}\text{gestreckt mit Faktor 0,5}\\ \text{in } y\text{-Richtung}\end{array}\right)$
$f(x) = \sin(x)$	$g(x) = -\sin(x)$	$g(x) = \sin(-x)$	$g(x) = 2 \cdot \sin(x)$ $\left(\begin{array}{c}\text{gestreckt mit Faktor 2}\\ \text{in } y\text{-Richtung}\end{array}\right)$
	$g(x) = -f(x)$ „$-$" vor Funktionsterm	$g(x) = f(-x)$ „x" durch „$-x$" ersetzt	$g(x) = a \cdot f(x)$ Streckung mit Faktor $\|a\|$ in y-Richtung

$$\rightarrow \quad g(x) = a \cdot f\big(b \cdot (x - c)\big) + d$$

...ken in ...	Verschieben in ...	
... x - Richtung	... y - Richtung	... x - Richtung
$g(x) = (2x)^2 = 4x^2$ $\left(\text{gestreckt mit Faktor } \dfrac{1}{2} \text{ in } x\text{-Richtung}\right)$	$g(x) = x^2 - 2$	$g(x) = (x-2)^2$
$g(x) = e^{0,5x}$ $\left(\text{gestreckt mit Faktor } \dfrac{1}{0,5} = 2 \text{ in } x\text{-Richtung}\right)$	$g(x) = e^x + 2$	$g(x) = e^{x-2}$
$g(x) = \sin(2x)$ $\left(\text{gestreckt mit Faktor } \dfrac{1}{2} \text{ in } x\text{-Richtung}\right)$	$g(x) = \sin(x) + 2$	$g(x) = \sin(x + 2)$
$g(x) = f(b \cdot x)$ Streckung mit Faktor $\dfrac{1}{|b|}$ in x-Richtung	$g(x) = f(x) \pm d$ z.B. $...+2$: Versch. nach oben $...-2$: Versch. nach unten	$g(x) = f(x \pm c)$ z.B. $(x-2)$: V. nach rechts $(x+2)$: V. nach links

1.10 Funktionenscharen

1. Begriffserklärung

Eine Funktionenschar besteht aus vielen einzelnen Funktionen, welche durch eine gemeinsame Schargleichung $f_t(x)$ beschrieben werden können.

Man erhält eine bestimmte Funktion aus der Schar, indem man „ihren" t-Wert (ihren Parameterwert) in $f_t(x)$ einsetzt.

Beispiel

Gleichung der Funktionenschar: $f_t(x) = x^2 + t$ ($t \in \mathbb{R}$)

Einzelne Funktionen hieraus (z.B.): $t = 1$: $f_1(x) = x^2 + 1$

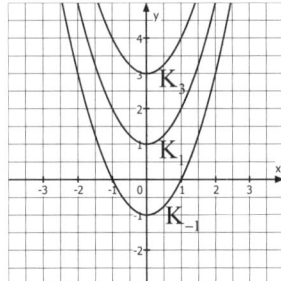

$t = 3$: $f_3(x) = x^2 + 3$

$t = -1$: $f_{-1}(x) = x^2 - 1$

...

2. Wirkung des Parameters auf die Schaubilder

Wenn eine bestimmte Funktion aus der Schar ausgewählt wird, geschieht dies, indem deren t-Wert in die Schargleichung eingesetzt wird (s.o.). Durch das Einsetzen dieser Zahl bildet sich der spezielle Funktionsterm der ausgewählten Funktion, der sich von allen anderen Funktionen der Schar unterscheidet.

Ebenso unterscheidet sich das Schaubild der ausgewählten Funktion von allen anderen Schaubildern der Schar. Die Art dieses Unterschiedes wird von der Position bestimmt, an welcher der Parameter in der Schargleichung steht.

Beispiele

$f_t(x) = x^2 + t$ $f_t(x) = tx^2$ $f_t(x) = -0,2tx^3 + 0,2t^2x - t$

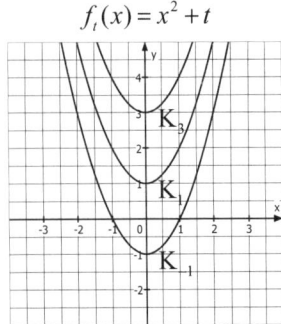 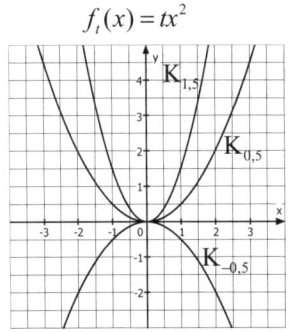 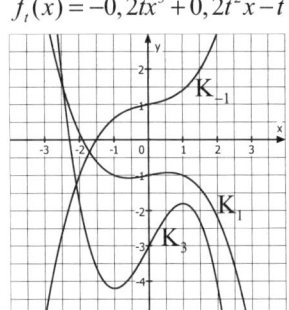

Parameter verschiebt die Schaubilder nach oben bzw. unten

Parameter verändert den Verlauf und die Streckung des Schaubildes in y-Richtung

Parameter besitzt eine komplexe Wirkung (u.a. auf Verlauf, Verschiebung, Streckung, …)

3. Umgang mit Funktionenscharen

Dieser ist deutlich schwieriger als der Umgang mit Funktionen, was vor allem an den nachfolgenden Punkten liegt. Diese sollten beachtet werden.

	Funktion $f(x)$	Funktionenschar $f_t(x)$
Schaubilder	ein konkretes Schaubild	unendlich viele Schaubilder
Lösen von Gleichungen	oft mit TR lösbar (zumindest näherungsweise)	nicht mit TR lösbar
Interpretation der Ergebnisse	z.B. Schnittpunkt mit x-Achse: $N(2\,\vert\,0)$; Konkreter Punkt im Koordinatensystem	z.B. Schnittpunkt mit x-Achse: $N_t(2t-1\,\vert\,0)$; Parameterabhängige „Vorschrift", die erst durch das Einsetzen von einem t-Wert zu einem konkreten Punkt führt

4. Grundregel für das Rechnen mit Funktionenscharen

Rechnungen mit Funktionenscharen werden meist zunächst allgemein, also ohne das Einsetzen einer Zahl für t, durchgeführt. Dies hat den Vorteil, dass so die Rechenergebnisse für alle Funktionen aus der Schar gelten.

Erst in diese Rechenergebnisse wird dann eine Zahl für t eingesetzt, um ein konkretes Ergebnis für eine einzelne Funktion aus der Schar zu erhalten.

Der Parameter t ist somit lediglich ein „Platzhalter" für eine einzusetzende Zahl. Deshalb lautet die Grundregel für das Rechnen mit Funktionenscharen:

Grundregel	**Der Parameter (t) wird beim „Rechnen" stets selbst wie eine Zahl behandelt!**

1.11 Symmetrie zur *y*-Achse bzw. zum Ursprung

Bei **ganzrationalen Funktionen** kann anhand der **Hochzahlen** (nur **gerade** bzw. **ungerade** Hochzahlen oder gemischt) entschieden werden, ob ein gegebenes Schaubild symmetrisch zur *y*-Achse bzw. zum Ursprung ist, oder ob keine dieser beiden Symmetriearten vorliegt.

Bei **anderen Funktionstypen** müssen hingegen die **allgemeinen Bedingungen** zur Symmetrieuntersuchung verwendet werden.

1. Allgemeine Bedingung für Achsensymmetrie zur *y*-Achse: $f(-x) = f(x)$

Bedingung in Worten

An den Stellen x und $-x$ sind die y-Werte gleich groß.

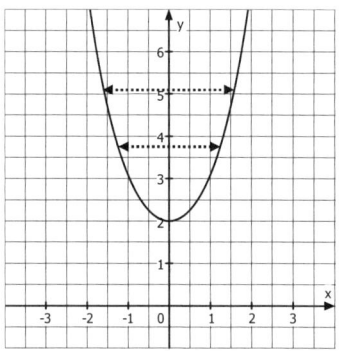

Beispiel

Ist das Schaubild der Funktion f mit $f(x) = e^{-x} + e^x$ achsensymmetrisch zur y-Achse?

$$\left. \begin{array}{l} f(-x) = e^{-(-x)} + e^{-x} = \underline{e^x + e^{-x}} \\ f(x) = \underline{e^{-x} + e^x} \end{array} \right\} \quad \begin{array}{l} \text{Es gilt:} \\ f(-x) = f(x) \end{array}$$

$\Rightarrow$ Somit symmetrisch zur *y*-Achse!

2. Allgemeine Bedingung für Punktsymmetrie zum Ursprung: $f(-x) = -f(x)$

Bedingung in Worten

An den Stellen x und $-x$ haben die y-Werte den gleichen „Zahlenwert", jedoch mit verschiedenen Vorzeichen. Mit dem Minuszeichen vor $f(x)$ sind die Werte gleich.

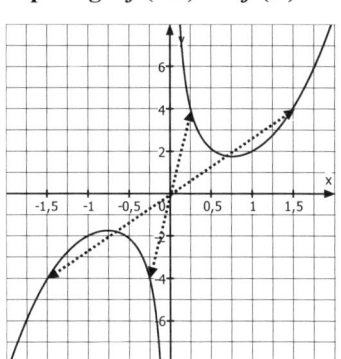

Beispiel

Ist das Schaubild der Funktion f mit $f(x) = x^3 + \dfrac{1}{x}$ punktsymmetrisch zum Ursprung?

$$\left. \begin{array}{l} f(-x) = (-x)^3 + \dfrac{1}{-x} = \underline{-x^3 - \dfrac{1}{x}} \\ -f(x) = -\left(x^3 + \dfrac{1}{x} \right) = \underline{-x^3 - \dfrac{1}{x}} \end{array} \right\} \quad \begin{array}{l} \text{Es gilt:} \\ f(-x) = -f(x) \end{array}$$

$\Rightarrow$ Somit punktsymmetrisch zum Ursprung!

1.12 Abschnittsweise definierte Funktionen

Funktionen, die aus mehreren Teilfunktionen zusammengesetzt sind, welche jeweils in einem bestimmten Abschnitt gelten, nennt man abschnittsweise definiert.

Beispiel

$$f(x) = \begin{cases} 2x^2 & \text{für} \quad x < 0 \\ 0,25x & \text{für} \quad 0 \le x \le 4 \\ \cos(2(x-4)) & \text{für} \quad x > 4 \end{cases}$$

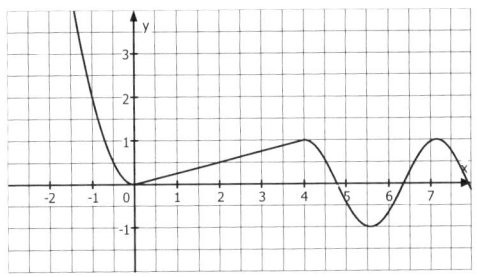

Allgemein

$$f(x) = \begin{cases} \textit{Funktion 1} & \text{für} \quad \textit{zugehörige } x \textit{-Werte} \\ \textit{Funktion 2} & \text{für} \quad \textit{zugehörige } x \textit{-Werte} \\ \textit{Funktion 3} & \text{für} \quad \textit{zugehörige } x \textit{-Werte} \end{cases}$$

Anwendung

Nebenstehend ist die übliche „Mathe-Motivationskurve" von Schülern in der Zeit vor, während und nach dem Matheabitur dargestellt.

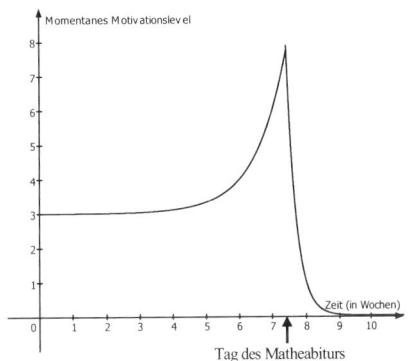

1.13 Umgang mit Funktionen: Rechenansätze

Aufgabenstellung	Rechenansatz	
y-Wert bei $x = 2$?	$f(2) = ...$	(x-Wert einsetzen, ausrechnen)
Schnittpunkt mit y-Achse?	$f(0) = ...$	(0 für x einsetzen, ausrechnen)
x-Wert bei $y = 5$?	$f(x) = 5$	($f(x)$ gleich y-Wert setzen, Gleichung lös.)
Schnittpunkt mit x-Achse?	$f(x) = 0$	($f(x)$ gleich 0 setzen, Gleichung lösen)
Liegt P(2 | 3) auf K_f?	$f(2) = 3$	(Punktprobe: x- und y-Wert einsetzen)
Schnittpunkt von K_f mit K_g?	$f(x) = g(x)$	(gleichsetzen, Gleichung lösen)

2. Gleichungen

2.1 Gleichungstypen: Übersicht

	Typ 1	Typ 2
Gleichung 1. Grades (linear) (S. 28)	$2x - 4 = 0$	
Gleichung 2. Grades (quadratisch) (S. 28)	$2x^2 - 4 = 0$	$2x^2 - 4x = 0$
Gleichung 3. Grades (S. 28)	$2x^3 - 4 = 0$	$2x^3 - 4x = 0$
Gleichung 4. Grades (S. 28)	$2x^4 - 4 = 0$	$2x^4 - 4x = 0$
Exponentialgleichung (S. 28)	$e^x = 0,5$ oder $e^{2x-1} = 0,5$	$2e^{2x} - e^x = 0$
Sinusgleichung (S. 32)	$\sin(x) = 0,5$	$\left(\sin(x)\right)^2 - 0,5\sin(x) = 0$
Kosinusgleichung (S. 32)	$\cos(x) = 0,5$	$\left(\cos(x)\right)^2 - 0,5\cos(x) = 0$
Logarithmusgleichung (S. 34)	$2\ln(x) - 1 = 5$	
Wurzelgleichung (S. 34)	$\sqrt{x} - 1 = 1$	
Merkmal	umformbar auf $\left\{\begin{array}{l} x \\ x^2 \\ x^3 \\ x^4 \\ e^x \text{ oder } e^{\text{„nicht nur } x\text{“}} \\ \sin(x) \\ \cos(x) \\ \ln(x) \\ \sqrt{x} \end{array}\right\} = \text{Zahl}$	Alle Summanden enthalten mindestens x (bzw. $e^x / \sin(x) / \cos(x)$). Kein Summand besteht nur aus einer „Zahl". Somit kann „etwas mit x" ausgeklammert werden.
Lösungsvorgehen	Gegenoperation $\left\{\begin{array}{l} \vdots \\ \sqrt{} \\ \sqrt[3]{} \\ \sqrt[4]{} \\ \ln \\ \sin^{-1} \\ \cos^{-1} \\ e^{\cdots} \\ (\ldots)^2 \end{array}\right\}$	(evtl.) Ausklammern; **Satz vom Nullprodukt** (S. 36)

Typ 3	Typ 4	Bruchgleichung
		$$\frac{3x^2 - 6x}{x - 2} = 0$$
$x^2 - 8x + 15 = 0$		
		Kein eigener Gleichungstyp: „Durchmultiplizieren" mit dem Hauptnenner führt stets auf einen der Gleichungstypen 1 bis 4. (S. 33)
	$x^4 - 8x^2 + 15 = 0$	
	$e^{2x} - 8e^x + 15 = 0$	
umformbar auf $...x^2 + ...x + ... = 0$	$\left\{\begin{array}{l}...x^4 + ...x^2 + ... \\ ...e^{2x} + ...e^x + ...\end{array}\right\} = 0$	
abc- bzw. **pq - Formel**	**Substitution führt auf** $...u^2 + ...u + ... = 0;$ abc- bzw. pq-Formel; **Rücksubstitution**	

2.2 Gleichungstypen: Konkretes Lösungsvorgehen

1. Polynomgleichungen

Typ 1 Gegenoperation	Typ 2 Satz vom Nullprodukt	Typ 3 abc - bzw. pq - Formel
$2x - 4 = 0 \quad \mid +4$ $\quad 2x = 4 \quad \mid : 2$ $\quad\ x = 2$		
$2x^2 - 4 = 0 \quad \mid +4$ $\quad 2x^2 = 4$ $\quad\ x^2 = 2 \quad \mid \sqrt{}$ $x_1 = \sqrt{2} \approx 1,41$ $x_2 = -\sqrt{2} \approx -1,41$	$2x^2 - 4x = 0$ $x \cdot (2x - 4) = 0$ **S. v. Nullpr.** (S. 32) $x_1 = 0 \qquad 2x - 4 = 0$ $\qquad\qquad\qquad 2x = 4$ $\qquad\qquad\qquad x_2 = 2$	$x^2 - 8x + 15 = 0$ mit **abc - Formel**: $(a = 1; \ b = -8; \ c = 15)$ $x_{1/2} = \dfrac{-b \pm \sqrt{b^2 - 4ac}}{2a}$ $= \dfrac{8 \pm \sqrt{8^2 - 4 \cdot 15}}{2}$ $= \dfrac{8 \pm 2}{2}$ $x_1 = 5; \quad x_2 = 3$ oder mit **pq - Formel**: $x_{1/2} = -\dfrac{p}{2} \pm \sqrt{\left(\dfrac{p}{2}\right)^2 - q}$ *(Bei dieser Formel muss vor dem x^2 stets eine $+1$ stehen!)*
$2x^3 - 4 = 0$ $\quad 2x^3 = 4$ $\quad\ x^3 = 2 \quad \mid \sqrt[3]{}$ $\quad\ x = \sqrt[3]{2}$ $\quad\ x \approx 1,26$	$2x^3 - 4x = 0$ $x \cdot (2x^2 - 4) = 0$ **S. v. Nullpr.** $x_1 = 0 \qquad 2x^2 - 4 = 0$ $\qquad\qquad\qquad 2x^2 = 4$ $\qquad\qquad\qquad x^2 = 2 \quad \mid \sqrt{}$ $\qquad\qquad x_2 = \sqrt{2} \approx 1,41$ $\qquad\qquad x_3 = -\sqrt{2} \approx -1,41$	

Typ 1 **Gegenoperation**	**Typ 2** **Satz vom Nullprodukt**	**Typ 4** **Substitution führt zu** $... u^2 + ... u + ... = 0$
$2x^4 - 4 = 0 \quad \mid +4$ $2x^4 = 4 \quad \mid : 2$ $x^4 = 2 \quad \mid \sqrt[4]{}$ $x_1 = \sqrt[4]{2} \approx 1,19$ $x_2 = -\sqrt[4]{2} \approx -1,19$	$2x^4 - 4x = 0$ $x \cdot \left(2x^3 - 4\right) = 0$ **S. v. Nullpr.** $x_1 = 0 \quad 2x^3 - 4 = 0$ $ 2x^3 = 4$ $ x^3 = 2$ $ x_2 = \sqrt[3]{2}$ $ x_2 \approx 1,26$	$x^4 - 8x^2 + 15 = 0$ **Substitution** : $\left(x^4 = u^2; \; x^2 = u\right)$ $u^2 - 8u + 15 = 0$ $u_{1/2} = \dfrac{8 \pm \sqrt{8^2 - 4 \cdot 15}}{2}$ (abc-Formel) $\phantom{u_{1/2}} = \dfrac{8 \pm 2}{2}$ $u_1 = 5; \qquad u_2 = 3$ **Rücksubstitution** : $x^2 = 5 \qquad\qquad x^2 = 3$ $x_1 = \sqrt{5} \approx 2,34 \qquad x_3 = \sqrt{3} \approx 1,73$ $x_2 = -\sqrt{5} \approx -2,34 \quad x_4 = -\sqrt{3} \approx -1,73$

2. Exponentialgleichungen

Typ 1 **Gegenoperation**	**Typ 2** **Satz vom Nullprodukt**	**Typ 4** **Substitution führt zu** $... u^2 + ... u + ... = 0$
$e^x = 0,5 \quad \mid \ln$ $x = \ln(0,5)$ $x \approx -0,69$ oder $e^{2x-1} = 0,5 \quad \mid \ln$ $2x - 1 = \ln(0,5) \quad \mid +1$ $2x = \ln(0,5) + 1 \mid : 2$ $x = \dfrac{\ln(0,5) + 1}{2}$ $x \approx 0,153$	$2e^{2x} - e^x = 0$ $e^x \cdot (2e^x - 1) = 0$ **S. v. Nullpr.** $e^x = 0 \qquad 2e^x - 1 = 0$ $x = \ln(0) \qquad e^x = 0,5$ keine Lösung $\quad x = \ln(0,5)$ $ x \approx -0,69$	$e^{2x} - 8e^x + 15 = 0$ **Substitution** : $\left(e^{2x} = u^2; \; e^x = u\right)$ $u^2 - 8u + 15 = 0$ $u_{1/2} = \dfrac{8 \pm \sqrt{8^2 - 4 \cdot 15}}{2}$ (abc-F.) $\phantom{u_{1/2}} = \dfrac{8 \pm 2}{2}$ $u_1 = 5; \qquad u_2 = 3$ **Rücksubstitution** : $e^x = 5 \qquad\qquad e^x = 3$ $x_1 = \ln(5) \approx 1,6 \quad x_2 = \ln(3) \approx 1,1$

3. Trigonometrische Gleichungen

Vorgehen und Erklärung am Beispiel

Sinusgleichung $\sin(x) = 0,5$	Kosinusgleichung $\cos(x) = 0,5$

1. Schritt : x_1 durch TR (Einstellung: *rad*)	
$\sin(x) = 0,5 \qquad \mid \sin^{-1}$ $x = \sin^{-1}(0,5)$ $x_1 = \dfrac{1}{6}\pi \approx 0,52$	$\cos(x) = 0,5 \qquad \mid \cos^{-1}$ $x = \cos^{-1}(0,5)$ $x_1 = \dfrac{1}{3}\pi \approx 1,05$

2. Schritt : x_2 aus x_1 berechnen	
$x_2 = \pi - x_1 \approx \pi - 0,52 \approx 2,62$	$x_2 = 2\pi - x_1 \approx 2\pi - 1,05 \approx 5,23$

Erklärung

In den unten stehenden Koordinatensystemen werden die Gleichungen $\sin(x) = 0,5$ und $\cos(x) = 0,5$ veranschaulicht.

Jeder x-Wert, welcher eine Lösung der Gleichung $\sin(x) = 0,5$ darstellt, muss beim Schaubild der Sinusfunktion zum y-Wert 0,5 führen. Bei $x_1 \approx 0,52$, der ersten Lösung der Gleichung, erreicht das Schaubild der Sinusfunktion diesen y-Wert. Bevor das Schaubild bei $x = \pi$ die x-Achse durchquert, erreicht es jedoch abermals, beim gesuchten x-Wert x_2, den y-Wert 0,5.

Aufgrund der Achsensymmetrie des Schaubildes muss der Abstand zwischen x_2 und π dem Abstand zwischen 0 und x_1 entsprechen und damit x_1 bzw. 0,52 betragen.

Hierdurch kann x_2 errechnet werden: $x_2 = \pi - x_1 \approx \pi - 0,52 \approx 2,62$.

Im Unterschied hierzu führt die Achsensymmetrie des Schaubildes der Kosinusfunktion dazu, dass x_2 errechnet werden kann, indem x_1 von 2π subtrahiert wird: $x_2 = 2\pi - x_1$.

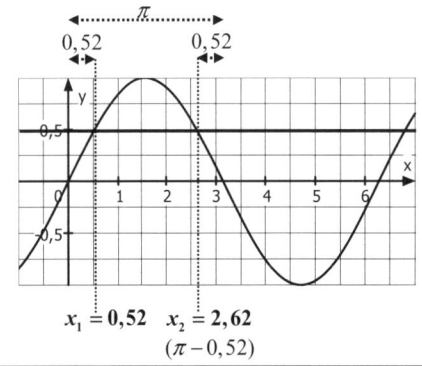

$x_1 = 0,52 \quad x_2 = 2,62$
$(\pi - 0,52)$

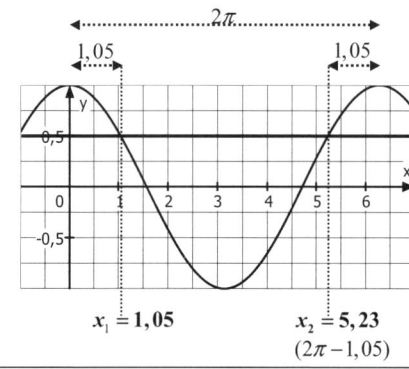

$x_1 = 1,05 \qquad x_2 = 5,23$
$(2\pi - 1,05)$

3. Schritt : Alle Lösungen der Gleichung beschreiben

$x \approx 0,52 + k \cdot 2\pi$ und $x \approx 2,62 + k \cdot 2\pi$ (mit $k = ..., -1, 0, 1, 2, ...,$ also $k \in \mathbb{Z}$)	$x \approx 1,05 + k \cdot 2\pi$ und $x \approx 5,23 + k \cdot 2\pi$ (mit $k = ..., -1, 0, 1, 2, ...,$ also $k \in \mathbb{Z}$)

Erklärung (Am Beispiel: $\sin(x) = 0,5$)

Das Schaubild einer Sinus- oder Kosinusfunktion besitzt eine Periodenlänge von 2π ($\approx 6,3$). Nach dem Durchlaufen einer Periode wiederholt sich stets ihr Ablauf.

Das Schaubild der Sinusfunktion erreicht beim x-Wert von 0,52 den y-Wert 0,5. 0,52 stellt also die erste Lösung der Gleichung dar. Eine Periode „später", beim x-Wert von $0,52 + 1 \cdot 2\pi$ ($\approx 6,8$) erreicht das Schaubild jedoch ebenfalls diesen y-Wert. Damit ist 6,8 eine weitere Lösung der Gleichung.

Ebenso gelangt man zu einer weiteren Lösung, indem man beispielsweise 4 Perioden-längen subtrahiert und beim x-Wert $0,52 - 4 \cdot 2\pi \approx -24,61$ landet.

Insgesamt gesehen erhält man aus den beiden Basislösungen $x_1 \approx 0,52$ und $x_2 \approx 2,62$ alle weiteren Lösungen, indem man zu diesen schlicht eine beliebige Anzahl von Perioden-längen (2π) addiert oder subtrahiert, was mathematisch durch $x \approx 0,52 + k \cdot 2\pi$ bzw. $x \approx 2,62 + k \cdot 2\pi$ ausgedrückt wird.

k kann alle positiven und negativen ganzen Zahlen annehmen und steht für die Anzahl der addierten oder subtrahierten Periodenlängen.

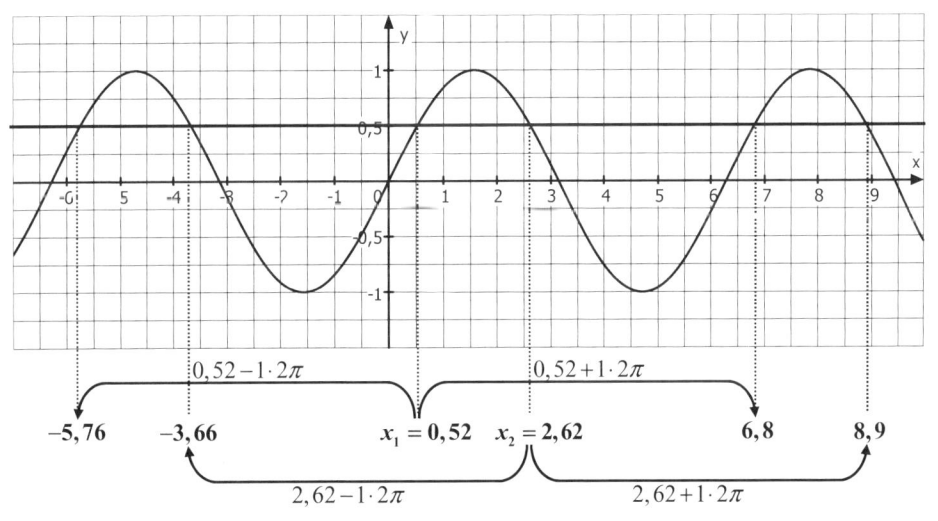

Konkretes Lösungsvorgehen bei trigonometrischen Gleichungen

Das Vorgehen zur Lösung von Sinus- und Kosinusgleichungen erfolgt weitgehend analog. Ein grundsätzlicher Unterschied besteht lediglich im 2. Schritt bei der Berechung von x_2. Deshalb werden hier die verschiedenen Gleichungstypen nur anhand von Sinus-gleichungen dargestellt.

Typ 1 Gegenoperation	Typ 2 Satz vom Nullprodukt
$\sin(x) = 0{,}5 \quad \mid \sin^{-1}$ $x = \sin^{-1}(0{,}5)$ $x_1 = \dfrac{1}{6}\pi$ $x_2 = \pi - x_1 = \pi - \dfrac{1}{6}\pi = \dfrac{5}{6}\pi$ alle Lösungen: $x = \dfrac{1}{6}\pi + k \cdot 2\pi$ und $\quad$ (mit $k = ..., -1, 0, 1, 2, ...$) $x = \dfrac{5}{6}\pi + k \cdot 2\pi$	$\big(\sin(x)\big)^2 - 0{,}5\sin(x) = 0$ $\sin(x) \cdot \big(\sin(x) - 0{,}5\big) = 0$ **S. v. Nullpr.** $\sin(x) = 0 \qquad \sin(x) - 0{,}5 = 0 \quad \mid +0{,}5$ $x = \sin^{-1}(0) \qquad \sin(x) = 0{,}5 \quad \mid \sin^{-1}$ $x_1 = 0 \qquad\qquad x = \sin^{-1}(0{,}5)$ $x_2 = \pi - 0 = \pi \qquad x_3 = \dfrac{1}{6}\pi$ $\qquad\qquad\qquad x_4 = \pi - \dfrac{1}{6}\pi = \dfrac{5}{6}\pi$ alle Lösungen: $x = 0 + k \cdot 2\pi \qquad x = \dfrac{1}{6}\pi + k \cdot 2\pi$ und $x = \pi + k \cdot 2\pi \qquad x = \dfrac{5}{6}\pi + k \cdot 2\pi$ (mit $k = ..., -1, 0, 1, 2, ...$)

Einziger Unterschied

Sinusgleichung: $\quad \boldsymbol{x_2 = \pi - x_1}$

Kosinusgleichung: $\boldsymbol{x_2 = 2\pi - x_1}$

4. Bruchgleichungen

Beispiel 1

$$\frac{3x^2 - 6x}{x - 2} = 0$$

1. Definitionsmenge bestimmen („Nenner $= 0$")

$$x - 2 = 0 \quad | + 2$$
$$x = 2$$

$$D = \mathbb{R} \setminus \{2\}$$

2. Lösen der Gleichung

$$\frac{3x^2 - 6x}{x - 2} = 0 \quad | \cdot (x - 2)$$
$$3x^2 - 6x = 0 \ (Gleichung\ 2.\ Grad, Typ\ 2)$$
$$x \cdot (3x - 6) = 0$$

S. v. Nullpr.

$$x_1 = 0 \qquad 3x - 6 = 0 \quad | + 6$$
$$3x = 6 \quad | : 2$$
$$x_2 = 2$$

3. Lösungsmenge notieren

$$L = \{0\}$$

($x_2 = 2$ nicht, da nicht in D)

Beispiel 2

$$\frac{x + 1}{x} = \frac{-x}{x - 1}$$

1. Definitionsmenge bestimmen

$$x = 0 \quad bzw. \quad x - 1 = 0 \quad | + 1$$
$$x = 1$$

$$D = \mathbb{R} \setminus \{0; 1\}$$

2. Lösen der Gleichung

$$\frac{x + 1}{x} = \frac{-x}{x - 1} \quad | \cdot x \cdot (x - 1)$$
$$(x + 1) \cdot (x - 1) = -x \cdot x$$
$$x^2 - 1 = -x^2 \quad | + 1 + x^2$$
$$2x^2 = 1 \ (Gleichung\ 2.\ Grad, Typ\ 1)$$
$$x^2 = \frac{1}{2} | \sqrt{}$$
$$x_{1/2} = \pm\sqrt{\frac{1}{2}} \approx \pm 0{,}707$$

3. Lösungsmenge notieren

$$L = \left\{ -\sqrt{\frac{1}{2}}; \sqrt{\frac{1}{2}} \right\}$$

Hinweise

- „Durchmultiplizieren" mit dem Hauptnenner führt stets auf einen der bekannten Gleichungstypen 1 bis 4. Deshalb stellen Bruchgleichungen selbst auch keinen „eigenen Gleichungstyp" dar.

- x-Werte, welche im Nennerterm der Ausgangsgleichung zu einem Wert von 0 führen, gehören nicht zur Definitionsmenge der Gleichung und dürfen damit nicht in diese eingesetzt werden (da man sonst durch 0 teilen würde). Ein solcher x-Wert kann demnach auch nicht Lösung der Gleichung sein (siehe Beispiel 1).

Bruchgleichungen

Eine Nullstelle des Nenners
kann nicht Lösung sein.

5. Logarithmusgleichungen

Typ 1
Gegenoperation

Beispiel 1

$$2\ln(x) - 1 = 5 \qquad |+1$$
$$2\ln(x) = 6 \qquad |:2$$
$$\ln(x) = 3 \qquad |e^{\cdots}$$
$$\left(e^{\ln(x)} = e^3\right)$$
$$x = e^3$$
$$x \approx 20,09$$

Beispiel 2

$$\ln(x-1) - 1 = 0 \qquad |+1$$
$$\ln(x-1) = 1 \qquad |e^{\cdots}$$
$$\left(e^{\ln(x-1)} = e^1\right)$$
$$x - 1 = e \qquad |+1$$
$$x = e + 1$$
$$x \approx 3,72$$

6. Wurzelgleichungen

Typ 1
Gegenoperation

Beispiel 1

$$\sqrt{x} - 1 = 1 \qquad |+1$$
$$\sqrt{x} = 2 \qquad |(...)^2$$
$$x = 4$$

Probe: $\sqrt{4} - 1 = 1$
$$2 - 1 = 1$$
$$1 = 1$$

Lösung: $x = 4$

Beispiel 2

$$\sqrt{x+4} + 2 = x \qquad |-2$$
$$\sqrt{x+4} = x - 2 \qquad |(...)^2$$
$$x + 4 = (x-2)^2 \qquad \text{(1. Binom. Formel)}$$
$$x + 4 = x^2 - 4x + 4 \qquad |-x-4$$
$$0 = x^2 - 5x$$
$$0 = x \cdot (x - 5)$$

S. v. Nullpr.

$$x_1 = 0 \qquad\qquad x - 5 = 0$$
$$x_2 = 5$$

Probe:

$$\sqrt{0+4} + 2 = 0 \qquad \sqrt{5+4} + 2 = 5$$
$$2 + 2 = 0 \qquad\qquad \sqrt{9} + 2 = 5$$
$$4 \neq 0 \qquad\qquad 3 + 2 = 5$$
(„Scheinlösung") $\qquad\qquad 5 = 5$

Lösung: $x = 5$

Wurzelgleichungen

Immer eine Probe machen!
(um „Scheinlösungen" auszuschließen)

2.3 Polynomdivision

Beispiel 1

$$(x^3 + 3x^2 - x - 3):(x-1) = x^2 + 4x + 3$$

A1   B1   C1

A1 Dividieren $x^3 : x = x^2$	
A2 Multiplizieren $x^2 \cdot (x-1) = x^3 - x^2$	
A3 Subtrahieren $x^3 + 3x^2 - (x^3 - x^2) = 4x^2$	

$-x$ herunterholen

B1 Dividieren $4x^2 : x = 4x$
B2 Multiplizieren $4x \cdot (x-1) = 4x^2 - 4x$
B3 Subtrahieren $4x^2 - x - (4x^2 - 4x) = 3x$

-3 herunterholen

C1 Dividieren $3x : x = 3$
C2 Multiplizieren $3 \cdot (x-1) = 3x - 3$
C3 Subtrahieren $3x - 3 - (3x - 3) = 0$

Hinweise

- **Dividieren :** Nur die beiden vorderen (linken) Summanden durcheinander dividieren.
- **Multiplizieren :** Ergebnis aus Schritt „Dividieren" mit Klammer multiplizieren.
- **Subtrahieren :** Klammer setzen und dann Vorzeichen beachten.

Um die Polynomdivision anwenden zu können, muss jedoch **eine Lösung** der Gleichung **bekannt** sein. Diese erhält man oftmals durch **Erraten** (indem man Werte einsetzt und auf eine wahre Aussage hofft). Dann wird das Polynom durch $(x-$„erratene Lösung") geteilt.

Beispiel 2

Gleichung: $x^3 - x^2 - 22x + 40 = 0$

Lösung erraten: $x_1 = 2$

$(2^3 - 2^2 - 22 \cdot 2 + 40 = 0)$

Polynomdivision

$$(x^3 - x^2 - 22x + 40) : (x-2) = x^2 + x - 20$$
$$\underline{-(x^3 - 2x^2)}$$
$$\qquad x^2 - 22x$$
$$\qquad \underline{-(x^2 - 2x)}$$
$$\qquad\qquad -20x + 40$$
$$\qquad\qquad \underline{-(-20x + 40)}$$
$$\qquad\qquad\qquad 0$$

Lösen der Folgegleichung $x^2 + x - 20 = 0$ durch abc- bzw. pq-Formel ergibt die weiteren Lösungen $x_2 = 4$ und $x_3 = -5$.

Beispiel 3

Gleichung: $2x^3 - 26x - 24 = 0$

Lösung erraten: $x_1 = -1$

$(2 \cdot (-1)^3 - 26 \cdot (-1) - 24 = 0)$

Polynomdivision

$$(2x^3 + \mathbf{0}x^2 - 26x - 24) : (x+1) = 2x^2 - 2x - 24$$
$$\underline{-(2x^3 + 2x^2)}$$
$$\qquad -2x^2 - 26x$$
$$\qquad \underline{-(-2x^2 - 2x)}$$
$$\qquad\qquad -24x - 24$$
$$\qquad\qquad \underline{-(-24x - 24)}$$
$$\qquad\qquad\qquad 0$$

Lösen der Folgegleichung $2x^2 - 2x - 24 = 0$ durch abc- bzw. pq-Formel ergibt die weiteren Lösungen $x_2 = 4$ und $x_3 = -3$.

2.4 Goldene Regeln zum Lösen von Gleichungen

1. Regel: Der Satz vom Nullprodukt als wichtiges Werkzeug

• **Wozu?**

Eine schwierige Gleichung kann hiermit in zwei (oder mehr) einfache Gleichungen zerlegt werden.

• **Beispiel** $\quad e^{2x}x^2 - 2x^2 = 0 \quad$ *(schwierige Gleichung)*

$$\underline{\quad x^2 \quad \cdot \quad (e^{2x}-2) = 0 \quad}$$

S. v. Nullpr.

(1. einfache   *(2. einfache*
Gleichung)   *Gleichung)*

$x^2 = 0 \quad |\sqrt{} \qquad\qquad e^{2x} - 2 = 0 \qquad |+2$

$x_{1/2} = 0 \qquad\qquad\qquad\qquad\;\; e^{2x} = 2 \qquad\quad\; |\ln$

$\qquad\qquad\qquad\qquad\qquad\qquad 2x = \ln(2) \qquad |:2$

$$x_3 = \frac{\ln(2)}{2}$$

• **Wann anwendbar?**

Wenn eine Gleichung in der Form: $\underline{\text{Faktor 1}} \quad \cdot \quad \underline{\text{Faktor 2}} \cdot \quad ... \quad = 0$ gegeben ist, oder durch Ausklammern auf diese Form gebracht werden kann.
Die Gleichung sollte also insbesondere kein Absolutglied („keine Zahl ohne x") enthalten.
„Mischgleichungen" wie $e^x x^2 - 2x^2 = 0$, die beispielsweise sowohl Polynombausteine (x^2) als auch Exponentialbausteine (e^x) enthalten, können in der Regel nur über den Satz vom Nullprodukt von Hand gelöst werden.

• **Weshalb gilt der Satz vom Nullprodukt?**

Wenn zwei Zahlen multipliziert werden, sodass das Ergebnis die Zahl 0 ist, kann dies nur gelingen, wenn die eine oder die andere der beiden Zahlen selbst 0 ist. *(Oder haben Sie ein Gegenbeispiel?)*
Übertragen auf die obige Gleichung $x^2 \cdot (e^{2x} - 2) = 0$ kann das Produkt aus x^2 und $(e^{2x} - 2)$ nur dann zu 0 werden, wenn entweder x^2 oder $(e^{2x} - 2)$ den Wert 0 annimmt. Deshalb werden alle x-Werte berechnet, die mindestens einen dieser beiden Faktoren zu 0 machen.

2. Regel: Das Teilen durch x ist VERBOTEN

• **Falsch**

$$4x^2 = x \qquad |:x$$
$$4x = 1 \qquad |:4$$
$$x = \frac{1}{4}$$

• **Grund**

$x_2 = 0$ ist eine weitere Lösung dieser Gleichung (Probe!), diese ging jedoch im Lösungsvorgang „verloren", da durch x geteilt wurde.

• **Stattdessen: Satz vom Nullprodukt**

$$4x^2 = x \qquad |-x$$
$$4x^2 - x = 0$$
$$x \cdot (4x - 1) = 0$$

S. v. Nullpr.

$$x_1 = 0 \qquad 4x - 1 = 0 \qquad |+1$$
$$4x = 1 \qquad |:4$$
$$x_2 = \frac{1}{4}$$

• **Bemerkung**

Hingegen ist das Teilen durch e^x erlaubt (da $e^x \neq 0$).

3. Regel: Gleichungen mit einem Parameter

• Eine Gleichung löst man immer nach der Variablen (x) auf, niemals nach dem Parameter (t).

• Der Parameter wird hingegen wie eine Zahl behandelt.

• Zu welchem Typ eine Gleichung gehört, hängt nur von der Variablen, nicht vom Parameter ab. Beispiel: $t^3 - t^2 \cdot \sin(x) + 1 = 0 \rightarrow$ Trigonometrische Gleichung!

37

2.5 Lineare Gleichungssysteme

1. Lösungsvorgehen (an Beispielen)

Beispiel 1

$$2x_1 + x_2 + x_3 = 5$$
$$-2x_1 + 3x_3 = -1$$
$$2x_1 + 2x_2 - 2x_3 = 2$$

$$\begin{pmatrix} 2 & 1 & 1 & | & 5 \\ -2 & 0 & 3 & | & -1 \\ 2 & 2 & -2 & | & 2 \end{pmatrix} \begin{matrix} \\ \text{I}+\text{II} \\ \text{II}+\text{III} \end{matrix}$$

$$\begin{pmatrix} 2 & 1 & 1 & | & 5 \\ 0 & 1 & 4 & | & 4 \\ 0 & 2 & 1 & | & 1 \end{pmatrix} \begin{matrix} \\ \\ 2\cdot\text{II}-\text{III} \end{matrix}$$

$$\begin{pmatrix} 2 & 1 & 1 & | & 5 \\ 0 & 1 & 4 & | & 4 \\ \mathbf{0} & \mathbf{0} & \mathbf{7} & | & \mathbf{7} \end{pmatrix}$$

LGS hat
eindeutige Lösung

$\text{III}: 7x_3 = 7$
$\qquad x_3 = 1$

$\text{in II}: x_2 + 4\cdot 1 = 4$
$\qquad\quad x_2 = 0$

$\text{in I}: 2x_1 + 0 + 1 = 5$
$\qquad\quad x_1 = 2$

Lösungsvektor: $\vec{x} = \begin{pmatrix} 2 \\ 0 \\ 1 \end{pmatrix}$

Beispiel 2

$$2x_1 - 2x_2 + x_3 = -2$$
$$x_1 - x_3 = 1$$
$$-x_1 - 2x_2 + 4x_3 = 0$$

$$\begin{pmatrix} 2 & -2 & 1 & | & -2 \\ 1 & 0 & -1 & | & 1 \\ -1 & -2 & 4 & | & 0 \end{pmatrix} \begin{matrix} \\ \text{I}-2\cdot\text{II} \\ \text{II}+\text{III} \end{matrix}$$

$$\begin{pmatrix} 2 & -2 & 1 & | & -2 \\ 0 & -2 & 3 & | & -4 \\ 0 & -2 & 3 & | & 1 \end{pmatrix} \begin{matrix} \\ \\ \text{II}-\text{III} \end{matrix}$$

$$\begin{pmatrix} 2 & -2 & 1 & | & -2 \\ 0 & -2 & 3 & | & -4 \\ \mathbf{0} & \mathbf{0} & \mathbf{0} & | & \mathbf{-5} \end{pmatrix}$$

LGS hat
keine Lösung

da $\text{III}: 0 = -5$
(Widerspruch)

Beispiel 3

$$2x_1 - 3x_2 + 4x_3 = 1$$
$$-2x_1 + 2x_2 - 2x_3 = 2$$
$$x_1 - x_2 + x_3 = -1$$

$$\begin{pmatrix} 2 & -3 & 4 & | & 1 \\ -2 & 2 & -2 & | & 2 \\ 1 & -1 & 1 & | & -1 \end{pmatrix} \begin{matrix} \\ \text{I}+\text{II} \\ \text{I}-2\cdot\text{III} \end{matrix}$$

$$\begin{pmatrix} 2 & -3 & 4 & | & 1 \\ 0 & -1 & 2 & | & 3 \\ 0 & -1 & 2 & | & 3 \end{pmatrix} \begin{matrix} \\ \\ \text{II}-\text{III} \end{matrix}$$

$$\begin{pmatrix} 2 & -3 & 4 & | & 1 \\ 0 & -1 & 2 & | & 3 \\ \mathbf{0} & \mathbf{0} & \mathbf{0} & | & \mathbf{0} \end{pmatrix}$$

LGS hat
unendlich viele Lösungen

Setzen von $x_3 = t \ (t \in \mathbb{R})$

$\text{in II}:$
$-x_2 + 2t = 3$
$\quad -x_2 = -2t + 3$
$\qquad x_2 = 2t - 3$

$\text{in I}:$
$2x_1 - 3\cdot(2t-3) + 4t = 1$
$\quad 2x_1 - 6t + 9 + 4t = 1$
$\qquad\qquad 2x_1 = 2t - 8$
$\qquad\qquad x_1 = t - 4$

Lösungsvektor:

$$\vec{x} = \begin{pmatrix} t-4 \\ 2t-3 \\ t \end{pmatrix}; \ t \in \mathbb{R}$$

Hinweis: Sobald bei zwei Gleichungen in der ersten Spalte eine Null steht, sollte nur noch mit diesen beiden Gleichungen gerechnet werden. Grund: Wenn die andere Gleichung mit einbezogen wird, verschwindet eine Null aus der ersten Spalte wieder.

2. Übersicht

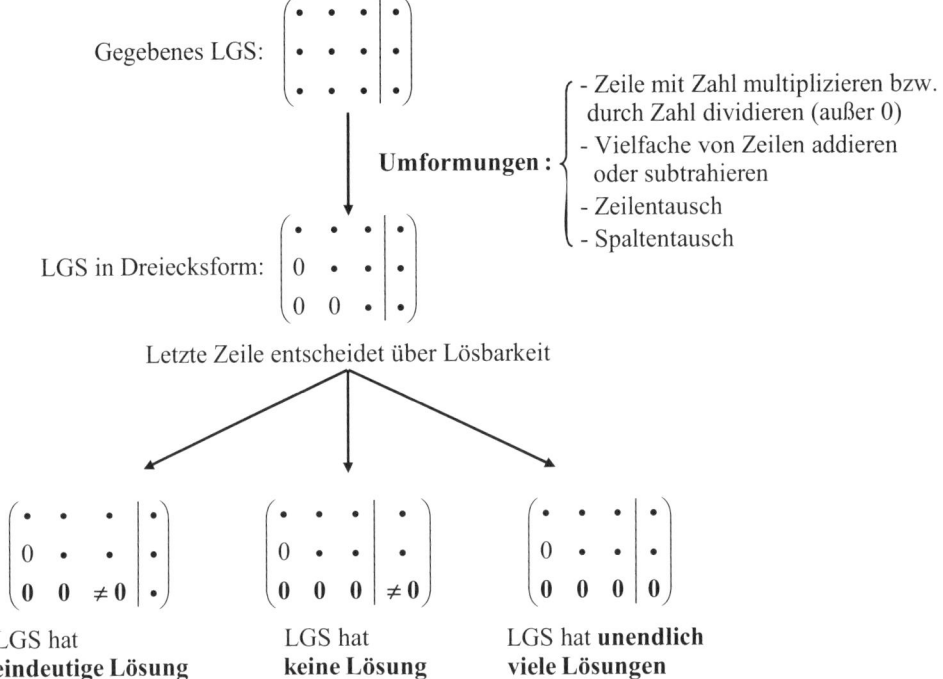

Letzte Zeile entscheidet über Lösbarkeit

Homogenes LGS

• Falls auf der „**rechten Seite**" eines LGS alle Zahlen den Wert **0** haben, wird das LGS als **homogen** bezeichnet.

• Ein homogenes LGS hat entweder eine eindeutige Lösung oder unendlich viele Lösungen, aber niemals keine Lösung. Falls ein homogenes LGS eine eindeutige Lösung hat, lautet diese stets $x_1 = 0$; $x_2 = 0$; $x_3 = 0$.

3. Differenzialrechnung

3.1 Ableitungsregeln

Nr.	Beispiel	Vorgehen
	Elementarregeln	
1	$f(x) = x^5$ $f'(x) = 5 \cdot x^{5-1} = 5x^4$ $f(x) = x^2$ $f'(x) = 2x^1 = 2x$ $f(x) = x$ $f'(x) = 1 \cdot x^0 = 1 \cdot 1 = 1$ $f(x) = \dfrac{1}{x^2} = x^{-2}$ $f'(x) = -2 \cdot x^{-3} = -\dfrac{2}{x^3}$ $f(x) = \sqrt{x} = x^{\frac{1}{2}}$ $f'(x) = \dfrac{1}{2} \cdot x^{-\frac{1}{2}} = \dfrac{1}{2 \cdot x^{\frac{1}{2}}} = \dfrac{1}{2 \cdot \sqrt{x}}$	$f(x) = x^{Exponent}$ $f'(x) = Exponent \cdot x^{Exponent-1}$ (Potenzregel) **Vor dem Ableiten** $\dfrac{1}{x^n} = x^{-n}$ $\sqrt{x} = x^{\frac{1}{2}}$
2	$f(x) = e^x$ $f'(x) = e^x$	*Abschreiben*
3	$f(x) = \ln(x)$ $f'(x) = \dfrac{1}{x}$	„In den Nenner"
4	$f(x) = \sin(x)$ $f'(x) = \cos(x)$	
5	$f(x) = \cos(x)$ $f'(x) = -\sin(x)$	$-\cos \nearrow \overset{\sin}{} \searrow \cos$ $\swarrow \underset{-\sin}{} \nwarrow$ *(Im Uhrzeigersinn!)*

Nr.	Beispiel	Vorgehen
	Vorgehensregeln	
6	$f(x) = \mathbf{3} \cdot x^2$ $f'(x) = \mathbf{3} \cdot 2x = 6x$	„Zahlen" mit $\cdot$ oder : „bleiben" (Faktorregel)
7	$f(x) = x^2 + \mathbf{2}$ $f'(x) = 2x$	„Zahlen" mit $+$ oder $-$ „verschwinden"
8	$f(x) = x^2 - 4x$ $f'(x) = 2x - 4$	$+$ und $-$ Zeichen unterteilen die Funktion in Teilfunktionen, welche einzeln abgeleitet werden (Summenregel)

Hinweis : Ableiten bei Funktionenscharen

Der Parameter t wird beim Ableiten wie eine Zahl und nicht wie die Variable x behandelt.

Beispiel: $f_t(x) = t^2 x^3 + t$

$\qquad\quad f_t'(x) = 3t^2 x^2$

	Produktregel	
9	$f(x) = x^2 \cdot \sin(x)$ $f'(x) = 2x \cdot \sin(x) + x^2 \cdot \cos(x)$	$f(x) = u(x) \cdot v(x)$ $f'(x) = u'(x) \cdot v(x) + u(x) \cdot v'(x)$ *Ableiten $\cdot$ Abschreiben $+$ Abschreiben $\cdot$ Ableiten*

	Quotientenregel	
10	$f(x) = \dfrac{x^2}{\sin(x)}$ $f'(x) = \dfrac{2x \cdot \sin(x) - x^2 \cdot \cos(x)}{(\sin(x))^2}$	$f(x) = \dfrac{u(x)}{v(x)}$ $f'(x) = \dfrac{u'(x) \cdot v(x) - u(x) \cdot v'(x)}{(v(x))^2}$

Nr.	Beispiel	Vorgehen
	**Anwendungen der Kettenregel**	
11	$f(x) = (2x+3)^5$ $f'(x) = 5 \cdot (2x+3)^4 \cdot 2$ $\quad = 10 \cdot (2x+3)^4$ $f(x) = \dfrac{1}{(x^2+3)^5}$ $\quad = (x^2+3)^{-5}$ $f'(x) = -5 \cdot (x^2+3)^{-6} \cdot 2x$ $\quad = -\dfrac{10x}{(2x+3)^6}$	$f(x) = (Klammerinhalt)^{Exponent}$ $f'(x) = Exponent \cdot (Klammerinhalt)^{Exponent-1} \cdot Klammerinhalt$ $\qquad\qquad\qquad\qquad\qquad\qquad\qquad\qquad abgeleitet$
12	$f(x) = e^{2x+3}$ $f'(x) = e^{2x+3} \cdot 2$	$f(x) = e^{Exponent}$ $f'(x) = e^{Exponent} \cdot Exponent\ abgeleitet$
13	$f(x) = \ln(2x+3)$ $f'(x) = \dfrac{1}{2x+3} \cdot 2$	$f(x) = \ln(Klammerinhalt)$ $f'(x) = \dfrac{1}{Klammerinhalt} \cdot Klammerinhalt\ abgeleitet$
14	$f(x) = \sin(2x+3)$ $f'(x) = \cos(2x+3) \cdot 2$	$f(x) = \sin(Klammerinhalt)$ $f'(x) = \cos(Klammerinhalt) \cdot Klammerinhalt\ abgeleitet$
15	$f(x) = \cos(2x+3)$ $f'(x) = -\sin(2x+3) \cdot 2$	$f(x) = \cos(Klammerinhalt)$ $f'(x) = -\sin(Klammerinhalt) \cdot Klammerinhalt\ abgeleitet$

Die allgemeine Kettenregel, aus welcher sich die Regeln 11-15 ergeben, lautet:

$$f(x) = u(v(x)) \ \rightarrow \ f'(x) = \underbrace{u'(v(x))}_{\text{Äußere Abl.}} \cdot \underbrace{v'(x)}_{\text{Innere Abl.}}$$

Ableiten bei Funktionenscharen : Der Parameter (t) wird beim Ableiten wie eine Zahl und nicht wie die Variable (x) behandelt.

Beispiel: $f_t(x) = t^2 x^3 + t \ \rightarrow \ f_t'(x) = 3t^2 x^2$

3.2 Tangente und Normale

1. Aufgabentyp

Gegeben ist die Funktion f mit $f(x) = x^2 + 0,5$.
Bei dem x-Wert 1 werden eine Tangente
und eine Normale an das Schaubild angelegt.
Berechnen Sie deren Gleichungen.

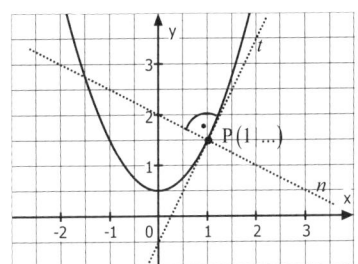

Tangente im Kurvenpunkt	Normale im Kurvenpunkt
(geg. $f(x)$ und x-Wert des Kurvenpunktes)	(geg. $f(x)$ und x-Wert des Kurvenpunktes)
Vorgehen	**Vorgehen**
1. y- Wert des Kurvenpunktes berechnen $f(1) = 1^2 + 0,5 = 1,5 \quad \rightarrow P(1\|1,5)$	**1. y- Wert des Kurvenpunktes berechnen** $f(1) = 1^2 + 0,5 = 1 \quad \rightarrow P(1\|1,5)$
2. Tangentensteigung berechnen $f'(x) = 2x$ $f'(1) = 2 \cdot 1 = 2 \quad (= m_t)$	**2. Tangentensteigung berechnen** $f'(x) = 2x$ $f'(1) = 2 \cdot 1 = 2 \quad (= m_t)$
3. Tangentengleichung berechnen $y = m_t \cdot x + b$ $1,5 = 2 \cdot 1 + b$ $1,5 = 2 + b \quad \|-2$ $-0,5 = b$ $\Rightarrow$ Tangente: $y = 2x - 0,5$ $\left(\begin{array}{c} \text{Alternativ mit:} \\ y = f'(u) \cdot (x-u) + f(u) \end{array} \right)$	**3. Normalensteigung berechnen** **(senkrecht zu $m_t \rightarrow$ neg. Kehrwert)** $m_n = -\dfrac{1}{m_t} = -\dfrac{1}{2} = -0,5$ **4. Normalengleichung berechnen** $y = m_n \cdot x + b$ $1,5 = -0,5 \cdot 1 + b$ $1,5 = -0,5 + b \quad \|+0,5$ $2 = b$ $\Rightarrow$ Normale: $y = -0,5x + 2$ $\left(\begin{array}{c} \text{Alternativ mit:} \\ y = -\dfrac{1}{f'(u)} \cdot (x-u) + f(u) \end{array} \right)$

2. Aufgabentyp

Gegeben ist die Funktion f mit $f(x) = x^2 + 0,5$.
Eine Tangente und eine Normale, jeweils mit
Steigung 2, werden an das Schaubild angelegt.
Berechnen Sie deren Gleichungen.

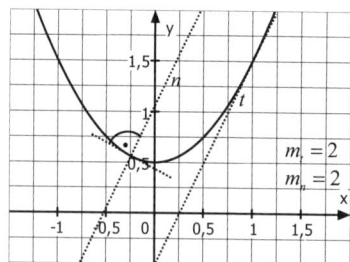

Tangente mit gegebener Steigung (geg. $f(x)$ und Steigung der Tangente)	Normale mit gegebener Steigung (geg. $f(x)$ und Steigung der Normalen)
Vorgehen	**Vorgehen**
	1. Zu m_n senkrechte Steigung berechnen $$m = -\frac{1}{m_n} = -\frac{1}{2} = -0,5$$
1. $f'(x) = m_t$ liefert x - Wert des Berührpunktes $$f'(x) = 2x$$ $$f'(x) = m_t$$ $$2x = 2$$ $$x = 1$$ (*An dieser Stelle hat die Parabel die gegebene Steigung.*)	**2. $f'(x) = m$ liefert x - Wert des Kurvenpunktes** $$f'(x) = 2x$$ $$f'(x) = m$$ $$2x = -0,5$$ $$x = -0,25$$ (*An dieser Stelle hat die Parabel die Steigung $-0,5$ und ist damit senkrecht zur gesuchten Normalen.*)
2. y - Wert des Berührpunktes berechnen $$f(1) = 1^2 + 0,5 = 1,5 \quad \rightarrow \mathrm{B}(1\,|\,1,5)$$	**3. y - Wert des Kurvenpunktes berechnen** $$f(-0,25) = (-0,25)^2 + 0,5 = 0,5625$$ $$\rightarrow \mathrm{P}(-0,25\,|\,0,5625)$$
3. Tangentengleichung berechnen $$y = m_t \cdot x + b$$ $$1,5 = 2 \cdot 1 + b$$ $$1,5 = 2 + b \qquad |-2$$ $$-0,5 = b$$ $\Rightarrow$ Tangente: $y = 2x - 0,5$	**4. Normalengleichung berechnen** $$y = m_n \cdot x + b$$ $$0,5625 = 2 \cdot (-0,25) + b$$ $$0,5625 = -0,5 + b \qquad |+0,5$$ $$1,0625 = b$$ $\Rightarrow$ Normale: $y = 2x + 1,0625$

3. Aufgabentyp

Gegeben ist die Funktion f mit $f(x) = x^2$.
Zwei Tangenten an die Parabel verlaufen
durch den Punkt P$(0|-1)$, welcher nicht
auf der Parabel liegt.
Berechnen Sie deren Gleichungen.

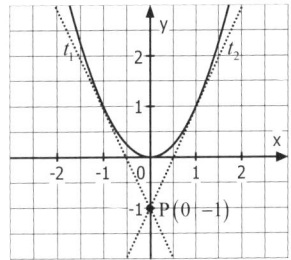

Tangente von Punkt aus (geg. $f(x)$ und Punkt, nicht auf Kurve)	**Normale von Punkt aus** (geg. $f(x)$ und Punkt, nicht auf Kurve)
Vorgehen **1. Allg. Tangentengleichung notieren** $y = f'(u) \cdot (x - u) + f(u)$ **2. $f(u)$ und $f'(u)$ einsetzen** $f(x) = x^2;\qquad f'(x) = 2x$ $f(u) = u^2;\qquad f'(u) = 2u$ $y = 2u \cdot (x - u) + u^2$ **3. P$(0\mid-1)$ einsetzen und Gleichung nach u auflösen** $-1 = 2u \cdot (0 - u) + u^2$ $-1 = -2u^2 + u^2$ $-1 = -u^2 \qquad \mid \cdot(-1)$ $1 = u^2 \qquad \mid \sqrt{\ }$ $u_1 = -1;\ u_2 = 1$ (x-Werte der Berührpunkte) **4. u-Werte in Tangentengleichung aus 2. einsetzen** $u_1 = -1$ eingesetzt: $y = 2 \cdot (-1) \cdot (x - (-1)) + (-1)^2$ $y = -2x - 1$ (1. Tangente) $u_2 = 1$ eingesetzt: $y = 2x - 1$ (2. Tangente)	Dieser Aufgabentyp ist sehr unüblich und wird deshalb nicht behandelt.

3.3 Schnittpunkte (Berührpunkt, senkrechter Schnitt, Schnittwinkel)

Zwischen Schaubild und x - Achse $\;(\text{Ansatz}: f(x) = 0)$		
Berührpunkt	**Senkrechter Schnitt**	**Schnittwinkel**

Beschreibung mit $f'(x)$

Hier gelten:

1. $f(x_0) = 0$ (*Nullstelle*)
2. $f'(x_0) = 0$ (*Steigung* 0)

bzw.

Beschreibung ohne $f'(x)$
(für ganzrat. Funktionen)

x_0 ist **doppelte** (bzw. dreifache oder vierfache, S. 11)
Lösung von $f(x) = 0$
(*Diskriminante = 0 bei quadratischer Gleichung für doppelte Lösung!*)

Bemerkung

Bei Geraden, die parallel zur y-Achse verlaufen, möglich.
(z.B. $x = 2,2$)

Vorgehen zur Berechnung

1. m berechnen
$f'(x_0) = m$ (Steigung K_f)

2. α berechnen
$m = \tan(\alpha) \qquad |\tan^{-1}$
$\alpha = \left|\tan^{-1}(m)\right|$
($|\;|$ *steht für den Betrag. Dieser wird verwendet, da das Vorzeichen des Winkels nicht relevant ist.*)

Achtung
TR hierfür von Bogenmaß (*rad*) auf Winkelmaß (*deg*) stellen!

Zwischen zwei Schaubildern (Ansatz: $f(x) = g(x)$)

Berührpunkt	Senkrechter Schnitt	Schnittwinkel
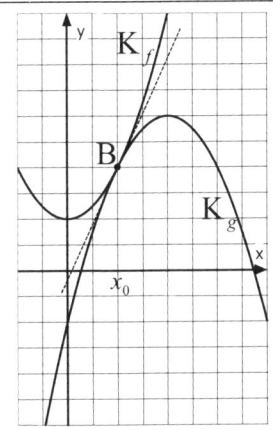	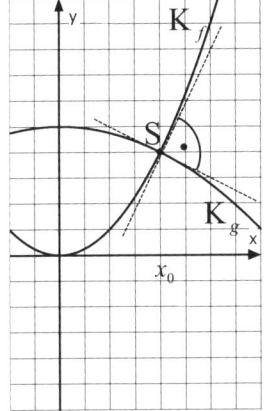	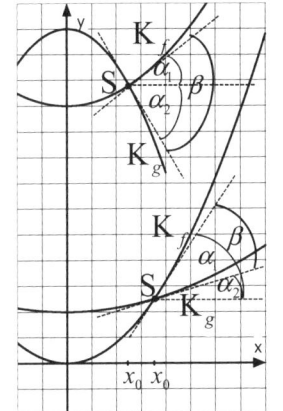

Beschreibung mit $f'(x)$

Hier gelten:

1. $f(x_0) = g(x_0)$
(*gemeinsamer Punkt*)

2. $f'(x_0) = g'(x_0)$
(*gleiche Steigung*)

bzw.

Beschreibung ohne $f'(x)$
(für ganzrat. Funktionen)

x_0 ist **doppelte** (bzw. dreifache oder vierfache)
Lösung von $f(x) = g(x)$
(*Diskriminante = 0 bei quadratischer Gleichung für doppelte Lösung!*)

Beschreibung (mit $f'(x)$)

Hier gelten:

1. $f(x_0) = g(x_0)$
(*gemeinsamer Punkt*)

2. $f'(x_0) = \dfrac{-1}{g'(x_0)}$

(*allg.* $m_2 = -1/m_1$ *bzw.*
Steigungen sind negative Kehrwerte voneinander)

Vorgehen zur Berechnung

1. m_1 und m_2 berechnen
$f'(x_0) = m_1$ (*Steigung* K_f)
$g'(x_0) = m_2$ (*Steigung* K_g)

2. α_1 und α_2 berechnen
$m_1 = \tan(\alpha_1)$ $\quad | \tan^{-1}$
$\alpha_1 = \left| \tan^{-1}(m_1) \right|$
(*Steigungswinkel* K_f)

$m_2 = \tan(\alpha_2)$ $\quad | \tan^{-1}$
$\alpha_2 = \left| \tan^{-1}(m_2) \right|$
(*Steigungswinkel* K_g)

3. β berechnen
$\beta = \alpha_1 + \alpha_2$ (*oberes Bsp.*)
bzw.
$\beta = \alpha_1 - \alpha_2$ (*unteres Bsp.*)

Alternativ kann auch mit nachfolgender Formel gearbeitet werden:

$$\beta = \tan^{-1} \left| \frac{f'(x_0) - g'(x_0)}{1 + f'(x_0) \cdot g'(x_0)} \right|$$

47

3.4 Monotonie

(Vereinfachte) Definition	Beispiel
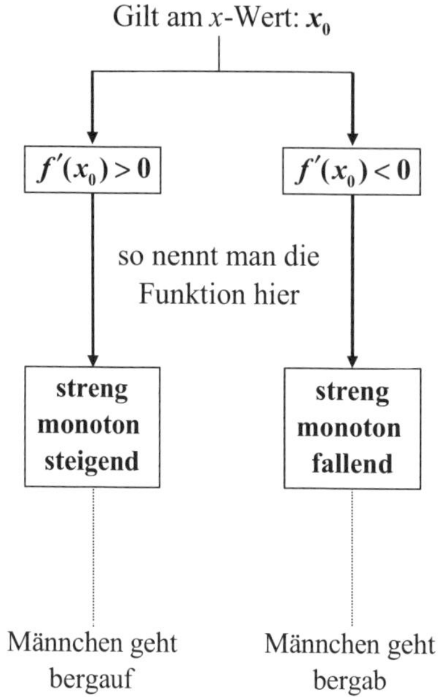 Gilt am x-Wert: x_0 $f'(x_0) > 0$ $f'(x_0) < 0$ so nennt man die Funktion hier **streng monoton steigend** **streng monoton fallend** Männchen geht bergauf Männchen geht bergab	**Einzunehmende Perspektive**: Sie sehen **von der Seite** auf das Männchen, welches ein hügeliges Gelände durchläuft. Das Gelände sehen Sie im Profil. 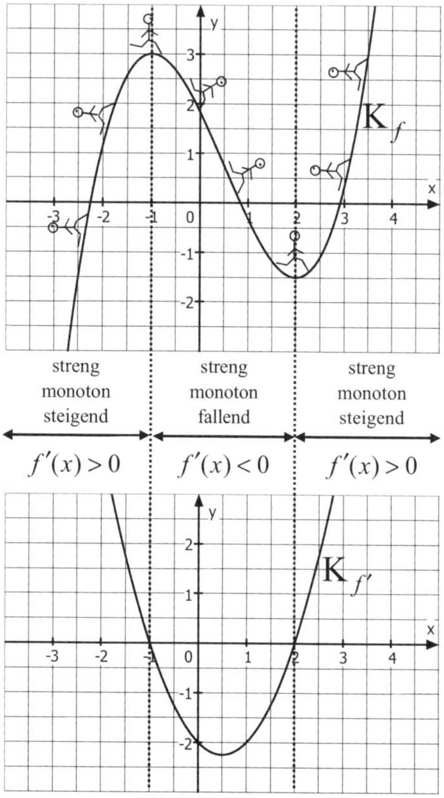 K_f streng monoton steigend streng monoton fallend streng monoton steigend $f'(x) > 0$ $f'(x) < 0$ $f'(x) > 0$ $K_{f'}$

„Normale" Monotonie

Die Funktion ist nicht (überall) streng monoton steigend, jedoch (überall) monoton steigend.
Unterschied zwischen „normaler" und strenger Monotonie?
Bei normaler Monotonie sind auch Stellen, an welchen das Schaubild die **Steigung 0** besitzt, **erlaubt**.

$f'(x_0) \geq 0 \rightarrow$ monoton steigend
$f'(x_0) \leq 0 \rightarrow$ monoton fallend

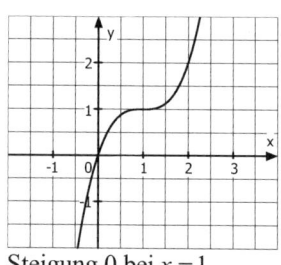

Steigung 0 bei $x = 1$

3.5 Krümmung

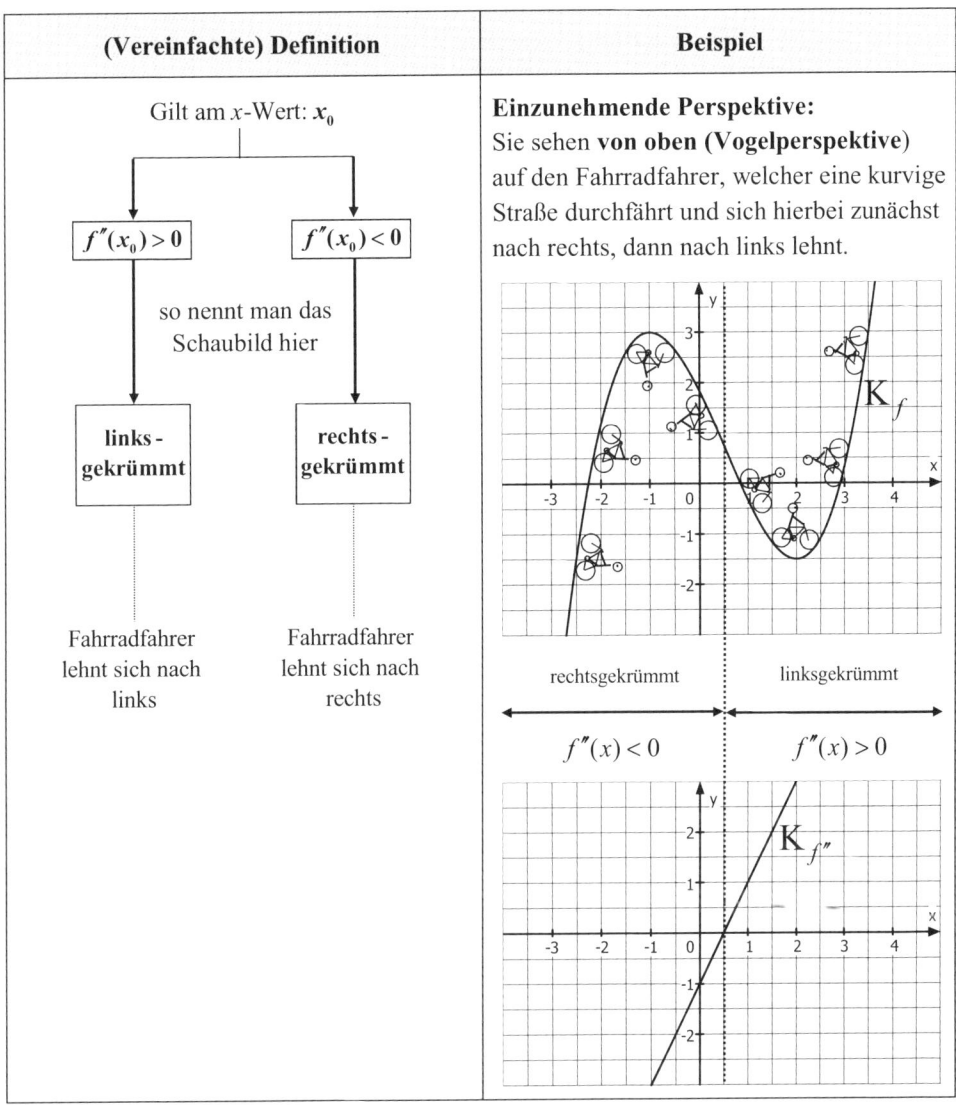

(Vereinfachte) Definition	Beispiel

Gilt am x-Wert: x_0

$f''(x_0) > 0$ $f''(x_0) < 0$

so nennt man das Schaubild hier

links - gekrümmt   rechts - gekrümmt

Fahrradfahrer lehnt sich nach links   Fahrradfahrer lehnt sich nach rechts

Einzunehmende Perspektive:
Sie sehen **von oben (Vogelperspektive)** auf den Fahrradfahrer, welcher eine kurvige Straße durchfährt und sich hierbei zunächst nach rechts, dann nach links lehnt.

K_f

rechtsgekrümmt   linksgekrümmt

$f''(x) < 0$ $f''(x) > 0$

$K_{f''}$

$$f''(x) \text{ n}\underline{\mathbf{e}}\text{gativ} \Rightarrow \text{r}\underline{\mathbf{e}}\text{chtsgekrümmt}$$
$$(f''(x) \text{ pos}\underline{\mathbf{i}}\text{tiv} \Rightarrow \text{l}\underline{\mathbf{i}}\text{nksgekrümmt})$$

3.6 Extrempunkte (Hochpunkte und Tiefpunkte)

Vorgehen zur Ermittlung von Hoch- und Tiefpunkten (am Beispiel)	
	$f(x) = \dfrac{1}{3}x^3 - \dfrac{1}{2}x^2 - 2x + \dfrac{11}{6}$ (Beispiel) $f'(x) = x^2 - x - 2$ $f''(x) = 2x - 1$
1. Schritt: $f'(x) = 0$ Stellen mit waagrechter Tangente (Steigung von 0) ermitteln.	$f'(x) = 0$ $x^2 - x - 2 = 0$ $x_{1/2} = \dfrac{-(-1) \pm \sqrt{(-1)^2 - 4 \cdot 1 \cdot (-2)}}{2 \cdot 1}$ $= \dfrac{1 \pm \sqrt{1+8}}{2} = \dfrac{1 \pm 3}{2}$ $\Rightarrow x_1 = -1; \ x_2 = 2$
2. Schritt: Einsetzen in $f''(x)$ Falls $\begin{cases} f''(x) < 0 \\ f''(x) > 0 \end{cases}$ liegt $\begin{cases} \textbf{Hochpunkt} \\ \textbf{Tiefpunkt} \end{cases}$ vor.	$f''(-1) = 2 \cdot (-1) - 1 = -3 \quad < 0 \quad \rightarrow \textbf{H}$ $f''(2) = 2 \cdot 2 - 1 = 3 \qquad\quad > 0 \quad \rightarrow \textbf{T}$
3. Schritt: Einsetzen in $f(x)$ y-Koordinaten der Hoch- bzw. Tiefpunkte bestimmen.	$f(-1) = \dfrac{1}{3} \cdot (-1)^3 - \dfrac{1}{2} \cdot (-1)^2 - 2 \cdot (-1) + \dfrac{11}{6}$ $\quad = 3 \qquad \rightarrow \textbf{H}(-1\,|\,3)$ $f(2) \ = \dfrac{1}{3} \cdot 2^3 - \dfrac{1}{2} \cdot 2^2 - 2 \cdot 2 + \dfrac{11}{6}$ $\quad = -1{,}5 \quad \rightarrow \textbf{T}(2\,|\,{-1{,}5})$

Alternative zum 2. Schritt: Untersuchung auf Vorzeichenwechsel

Hat $f'(x)$ eine Nullstelle mit Vorzeichenwechsel, dann hat das Schaubild von $f(x)$ hier einen Extrempunkt.

Bei einem Vorzeichenwechsel von $\begin{cases} + \text{ nach } - \\ - \text{ nach } + \end{cases}$ liegt ein $\begin{cases} \text{Hochpunkt} \\ \text{Tiefpunkt} \end{cases}$ vor.

z.B. bei $x_2 = 2$:

$f'(1) = 1^2 - 1 - 2 = -2 \ < 0$

$f'(3) = 3^2 - 3 - 2 = 4 \ > 0$

VZW von $-$ nach $+$

$\Rightarrow$ somit Tiefpunkt

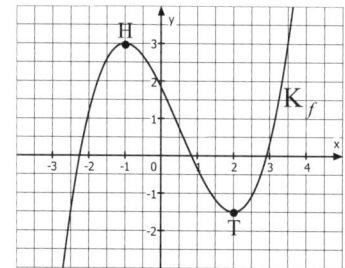

3.7 Wendepunkte

Vorgehen zur Ermittlung von Wendepunkten (am Beispiel)	
1. Schritt : $f''(x) = 0$ Stellen „ohne Krümmung" ermitteln.	$f(x) = \dfrac{1}{3}x^3 - \dfrac{1}{2}x^2 - 2x + \dfrac{11}{6}$ (Beispiel) $f'(x) = x^2 - x - 2$ $f''(x) = 2x - 1$ $f'''(x) = 2$ $\begin{aligned} f''(x) &= 0 \\ 2x - 1 &= 0 \quad \lvert +1 \\ 2x &= 1 \quad \lvert :2 \\ x &= 0,5 \end{aligned}$
2. Schritt : Einsetzen in $f'''(x)$ Wendepunkt, falls $f'''(x) \neq 0$.	$f'''(0,5) = 2 \quad \neq 0 \quad \rightarrow \mathbf{W}$
3. Schritt : Einsetzen in $f(x)$ y-Koordinaten der Wendepunkte bestimmen.	$f(0,5) = \dfrac{1}{3} \cdot 0,5^3 - \dfrac{1}{2} \cdot 0,5^2 - 2 \cdot 0,5 + \dfrac{11}{6}$ $= 0,75 \quad \rightarrow \quad \mathbf{W(0,5 \mid 0,75)}$

Alternative zum 2. Schritt : Untersuchung auf Vorzeichenwechsel

Hat $f''(x)$ eine Nullstelle mit Vorzeichenwechsel, dann hat das Schaubild von $f(x)$ hier einen Wendepunkt.

am Beispiel: $x = 0,5$:
$f''(0) = 2 \cdot 0 - 1 = -1 \; < 0$
$f''(1) = 2 \cdot 1 - 1 = 1 \quad > 0$
VZW
$\Rightarrow$ somit Wendepunkt

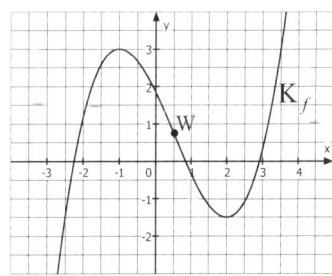

Bemerkungen

• Als **Wendetangente** wird eine Tangente bezeichnet, welche das Schaubild im Wendepunkt berührt. Die **Wendenormale** steht senkrecht zur Wendetangente und verläuft ebenfalls durch den Wendepunkt.

• An einer **Wendestelle** hat das Schaubild entweder die **größte** oder die **kleinste Steigung**. Das Schaubild von $f'(x)$ hat hier deshalb entweder einen Hochpunkt oder einen Tiefpunkt.

3.8 Sattelpunkte

Ein Sattelpunkt ist ein **Wendepunkt mit waagrechter Tangente**, also mit einer Steigung von 0.
Somit hat ein Sattelpunkt neben den Eigenschaften eines Wendepunktes $\left(f''(x) = 0 \text{ und } f'''(x) \neq 0 \right)$ noch die **zusätzliche Eigenschaft $f'(x) = 0$**.

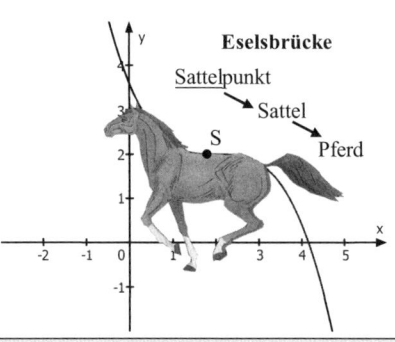

Vorgehen zur Ermittlung von Sattelpunkten (am Beispiel)

(1. bis 3. Schritt: Ebenso wie bei der Ermittlung von Wendepunkten)

$$f(x) = \frac{1}{4}x^4 - \frac{2}{3}x^3 + 2 \qquad \text{(Beispiel)}$$
$$f'(x) = x^3 - 2x^2$$
$$f''(x) = 3x^2 - 4x$$
$$f'''(x) = 6x - 4$$

1. Schritt : $f''(x) = 0$ Stellen „ohne Krümmung" ermitteln.	$f''(x) = 0$ $3x^2 - 4x = 0$ $x \cdot (3x - 4) = 0$ **S. v. Nullpr.** $x_1 = 0 \qquad\qquad 3x - 4 = 0$ $\qquad\qquad\qquad\qquad 3x = 4$ $\qquad\qquad\qquad\qquad x_2 = \frac{4}{3}$
2. Schritt : Einsetzen in $f'''(x)$ Wendepunkt, falls $f'''(x) \neq 0$.	$f'''(0) = 6 \cdot 0 - 4 = -4 \quad \neq 0 \;\to\; \mathbf{W}$ $f'''\left(\frac{4}{3}\right) = 6 \cdot \frac{4}{3} - 4 = 4 \quad \neq 0 \;\to\; \mathbf{W}$
3. Schritt : Einsetzen in $f(x)$ y-Koordinaten der Wendepunkte bestimmen.	$f(0) = \frac{1}{4} \cdot 0^4 - \frac{2}{3} \cdot 0^3 + 2 = 2 \qquad \to \mathbf{W}(0\,\vert\,2)$ $f\left(\frac{4}{3}\right) = \frac{1}{4} \cdot \left(\frac{4}{3}\right)^4 - \frac{2}{3} \cdot \left(\frac{4}{3}\right)^3 + 2 = \frac{98}{81} \to \mathbf{W}\left(\frac{4}{3}\,\vert\,\frac{98}{81}\right)$

(4. Schritt: **Zusätzlich**)

4. Schritt : Gilt $f'(x) = 0$? In diesem Fall liegt ein Sattelpunkt vor. Ansonsten handelt es sich um einen „gewöhnlichen" Wendepunkt.	$f'(0) = 0^3 - 2 \cdot 0^2 = 0 \qquad\qquad = 0 \to \mathbf{S}(0\,\vert\,2)$ $f'\left(\frac{4}{3}\right) = \left(\frac{4}{3}\right)^3 - 2 \cdot \left(\frac{4}{3}\right)^2 = -\frac{32}{27} \quad \neq 0 \to \mathbf{W}$

Im Koordinatensystem finden Sie das Schaubild der

Funktion f mit $f(x) = \dfrac{1}{4}x^4 - \dfrac{2}{3}x^3 + 2$

und den berechneten Sattelpunkt.

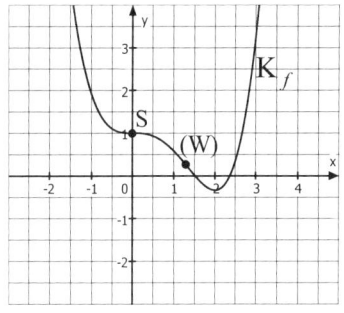

Jeder Sattelpunkt ist auch ein Wendepunkt,
aber nicht jeder Wendepunkt ist auch ein Sattelpunkt!

Alternative Ermittlung von Sattelpunkten bei ganzrationalen Funktionen

Grundsätzlich gilt :

Falls das Schaubild der Ableitungsfunktion $f'(x)$ an einem bestimmten x-Wert eine doppelte Nullstelle (gerade Vielfachheit) aufweist, besitzt das Schaubild der Funktion $f(x)$ an diesem x-Wert einen Sattelpunkt (S. 58).

Untersuchung auf Sattelpunkte

$f(x) = \dfrac{1}{4}x^4 - \dfrac{2}{3}x^3 + 2$ (Beispiel)

$f'(x) = x^3 - 2x^2$

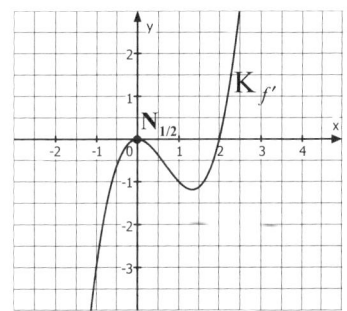

$$f'(x) = 0$$
$$x^3 - 2x^2 = 0$$
$$x^2 \cdot (x - 2) = 0$$

S. v. Nullpr.

$x^2 = 0 \quad | \sqrt{} \qquad\qquad x - 2 = 0$

$x_{1/2} = 0 \qquad\qquad\qquad (x_3 = 2)$

(doppelte Lösung)

$\rightarrow$ **S$\left(0 \mid f(0)\right)$**

Bemerkung

Falls bei einer quadratischen Gleichung die Diskriminante den Wert 0 annimmt, liegt eine doppelte Lösung vor.

B eispiel : Gegeben ist die Funktion f mit $f(x) = 0,25x^4 - 2x^3 + 4x^2 - 1$.

a) Berechnen Sie den Schnittpunkt des Schaubildes mit der y-Achse.

b) Berechnen Sie die Koordinaten der Extrempunkte.

c) Berechnen Sie die Koordinaten der Wendepunkte.

d) Berechnen Sie die Gleichung einer Wendetangente.

Lösung

a) Ansatz: $f(0) = 0,25 \cdot 0^4 - 2 \cdot 0^3 + 4 \cdot 0^2 - 1$

$$= -1 \quad \rightarrow S_y(0|-1)$$

b) $f(x) = 0,25x^4 - 2x^3 + 4x^2 - 1$

$f'(x) = x^3 - 6x^2 + 8x$

$f''(x) = 3x^2 - 12x + 8$

1. Schritt:
$$f'(x) = 0$$
$$x^3 - 6x^2 + 8x = 0$$
$$x \cdot (x^2 - 6x + 8) = 0$$

S. v. Nullpr.

$x_1 = 0 \qquad x^2 - 6x + 8 = 0$

$$x_{2/3} = \frac{-(-6) \pm \sqrt{(-6)^2 - 4 \cdot 1 \cdot 8}}{2 \cdot 1}$$

$$= \frac{6 \pm \sqrt{36 - 32}}{2} = \frac{6 \pm 2}{2}$$

$$x_2 = \frac{6-2}{2} = 2;$$

$$x_3 = \frac{6+2}{2} = 4$$

2. Schritt:

$f''(0) = 3 \cdot 0^2 - 12 \cdot 0 + 8 = 8 \qquad > 0 \quad \rightarrow T$

$f''(2) = 3 \cdot 2^2 - 12 \cdot 2 + 8 = -4 \quad < 0 \quad \rightarrow H$

$f''(4) = 3 \cdot 4^2 - 12 \cdot 4 + 8 = 8 \qquad > 0 \quad \rightarrow T$

3. Schritt:

$f(0) = 0,25 \cdot 0^4 - 2 \cdot 0^3 + 4 \cdot 0^2 - 1 = -1 \rightarrow T(0|-1)$

$f(2) = 0,25 \cdot 2^4 - 2 \cdot 2^3 + 4 \cdot 2^2 - 1 = 3 \quad \rightarrow H(2|3)$

$f(4) = 0,25 \cdot 4^4 - 2 \cdot 4^3 + 4 \cdot 4^2 - 1 = -1 \rightarrow T(4|-1)$

c) 1. Schritt:
$$f''(x) = 0$$
$$3x^2 - 12x + 8 = 0$$

$$x_{1/2} = \frac{-(-12) \pm \sqrt{(-12)^2 - 4 \cdot 3 \cdot 8}}{2 \cdot 3} = \frac{12 \pm \sqrt{48}}{6}$$

$$x_1 = \frac{12 - \sqrt{48}}{6} \approx 0,85;$$

$$x_2 = \frac{12 + \sqrt{48}}{6} \approx 3,15$$

2. Schritt:
$$f'''(x) = 6x - 12$$
$$f'''(0,85) = 6 \cdot 0,85 - 12 = -6,9 \quad \neq 0 \rightarrow W$$
$$f'''(3,15) = 6 \cdot 3,15 - 12 = 6,9 \quad \neq 0 \rightarrow W$$

3. Schritt:
$$f(0,85) = 0,25 \cdot 0,85^4 - 2 \cdot 0,85^3 + 4 \cdot 0,85^2 - 1 \approx 0,79 \rightarrow W_1(0,85 \,|\, 0,79)$$
$$f(3,15) = 0,25 \cdot 3,15^4 - 2 \cdot 3,15^3 + 4 \cdot 3,15^2 - 1 \approx 0,79 \rightarrow W_2(3,15 \,|\, 0,79)$$

d) Berechnung der Wendetangente in $W_1(0,85 \,|\, 0,79)$:

1. Schritt: $W_1(0,85 \,|\, 0,79)$ (Berührpunkt)

2. Schritt: Tangentensteigung berechnen
$$f'(0,85) = 0,85^3 - 6 \cdot 0,85^2 + 8 \cdot 0,85 \approx 3,08 \; (= m_t)$$

3. Schritt: Tangentengleichung berechnen
$$y = m_t \cdot x + b$$
$$0,79 = 3,08 \cdot 0,85 + b$$
$$0,79 = 2,62 + b \qquad |-2,62$$
$$-1,83 = b$$
$$\Rightarrow \text{Tangente: } y = 3,08x - 1,83$$

3.9 Ortskurve

Begriffserklärung

Bei einer Funktionenschar $f_t(x)$ sind die Koordinaten besonderer Punkte, wie Hochpunkte, Tiefpunkte und Wendepunkte, meist vom Wert des Parameters t abhängig.

Für jeden Wert des Parameters, also für jede Funktion aus der Schar, haben diese Punkte deshalb verschiedene Koordinaten.

Eine „**Verbindungslinie**", die beispielsweise durch alle Tiefpunkte der Schar verläuft, wird als die Ortskurve der Tiefpunkte bezeichnet.

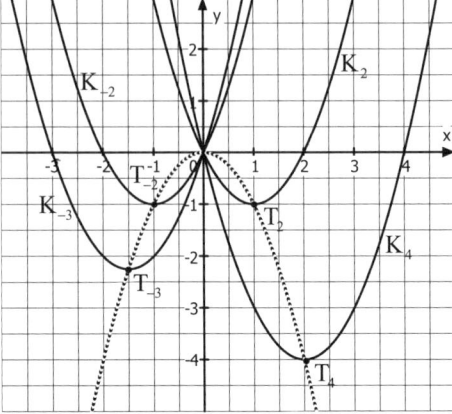

Beispiel

Die Parabelschar $f_t(x) = x^2 - tx$ mit $t \in \mathbb{R}$

hat den allgemeinen Tiefpunkt $T_t\left(\dfrac{t}{2} \middle| -\dfrac{t^2}{4}\right)$

$\left(\text{z.B. } T_2(1|-1); \; T_4(2|-4); \; ...\right)$.

Die **Ortskurve der Tiefpunkte** hat die Funktionsgleichung: $y = -x^2$

Ermittlung der Koordinaten des allgemeinen Tiefpunktes

$f_t(x) = x^2 - tx$

$f_t'(x) = 2x - t$

$f_t''(x) = 2$

1. Schritt: $f_t'(x) = 0$

$2x - t = 0 \qquad |+t$

$2x = t \qquad |:2$

$x = \dfrac{t}{2}$

2. Schritt: $f_t''\left(\dfrac{t}{2}\right) = 2 > 0 \to T$

3. Schritt: $f_t\left(\dfrac{t}{2}\right) = \left(\dfrac{t}{2}\right)^2 - t \cdot \dfrac{t}{2} = \dfrac{t^2}{4} - \dfrac{t^2}{2} = -\dfrac{t^2}{4} \quad \to \quad T_t\left(\dfrac{t}{2} \middle| -\dfrac{t^2}{4}\right)$

Vorgehen zur Ermittlung der Funktionsgleichung der Ortskurve	
1. Schritt Koordinaten des allg. Tiefpunktes bestimmen	$T_t \left(\dfrac{t}{2} \middle\| -\dfrac{t^2}{4} \right)$ (siehe Vorseite)
2. Schritt x- und y-Koordinaten explizit notieren, man erhält ein Gleichungssystem	$x = \dfrac{t}{2}$ $y = -\dfrac{t^2}{4}$
3. Schritt x- Gleichung nach t auflösen	$x = \dfrac{t}{2}$ $\| \cdot 2$ $2x = t$
4. Schritt t-Wert in y-Gleichung einsetzen	$y = -\dfrac{t^2}{4}$ $y = -\dfrac{(2x)^2}{4}$ $y = -\dfrac{4x^2}{4}$ $\boldsymbol{y = -x^2}$ (Gleichung der Ortskurve)

Einschränkungen im Parameter und Wirkung auf Ortskurve

- Falls der Parameter t laut Aufgabenstellung beispielsweise nur positive Werte annehmen kann ($t > 0$), haben alle Tiefpunkte $T_t \left(\dfrac{t}{2} \middle\| ... \right)$ einen positiven x-Wert. Somit ist auch nur der Teil des Schaubildes von $y = -x^2$ Ortskurve, welcher rechts von der y-Achse ($x > 0$) liegt.

- Falls der Parameter t laut Aufgabenstellung hingegen alle reellen Werte annehmen kann ($t \in \mathbb{R}$), gibt es sowohl Tiefpunkte $T_t \left(\dfrac{t}{2} \middle\| ... \right)$ mit positiven, als auch mit negativen x-Werten und ebenfalls einen Tiefpunkt mit dem x-Wert 0. Somit ist hier das gesamte Schaubild von $y = -x^2$ Ortskurve.

3.10 Zusammenhang zwischen den Schaubildern von Funktion und Ableitung

1. Grundsätzlicher Zusammenhang

Der y-Wert des Schaubildes von $f'(x)$ entspricht an jedem x-Wert der Steigung des Schaubildes von $f(x)$.

2. Zusammenhang zwischen den besonderen Punkten

Kurzversion (Merkregel: In jeder Zeile steht das englische Wort für „neu"; 3-stufig)

$f(x)$	N	E	W		
$f'(x)$		N	E	W	
$f''(x)$			N	E	W

Ausführliche Version (nur 2-stufig dargestellt)

$f(x)$ bzw. $f'(x)$	N	H	T	W (von **Lk** zu **Rk**	W (von **Rk** zu **Lk**)	S
$f'(x)$ bzw. $f''(x)$		N „von + nach –"	N „von – nach +"	H	T	N ohne VZW (z.B. doppelte N) bzw. H oder T auf der x-Achse

Abkürzungen	Nullstelle	Wendepunkt
	Extrempunkt (Hoch- oder Tiefpunkt)	Sattelpunkt
	Linkskrümmung / Rechtskrümmung	VorZeichenWechsel

Bemerkungen

• Die obigen Zusammenhänge gelten natürlich auch zwischen der Stammfunktion $F(x)$ und der zugehörigen Funktion $f(x)$.

• Die Symmetrieart eines Schaubildes „pendelt" beim Ableiten.
Beispiel: K_f ist symmetrisch zur y-Achse $\Rightarrow K_{f'}$ ist symmetrisch zum Ursprung $\Rightarrow K_{f''}$ ist symmetrisch zur y-Achse $\Rightarrow \dots$

Beispiel

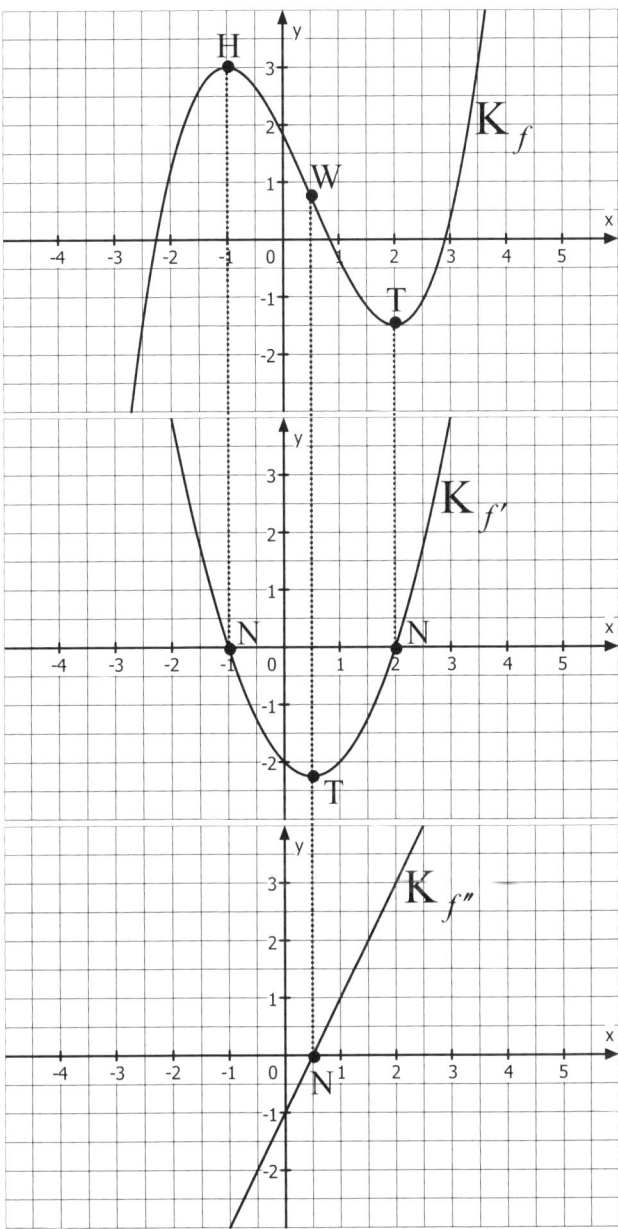

3.11 Ermittlung von Funktionsgleichungen

1. Möglichkeit: Nullstellenansatz bei ganzrationalen Funktionen

Beispiel : Gesucht ist die Funktionsgleichung zum neben-
stehenden Schaubild.

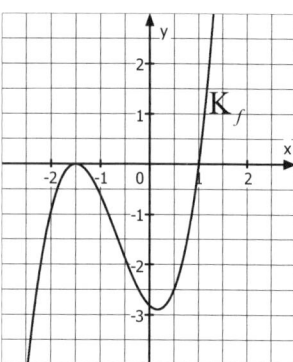

Da die Nullstellen $(x_{1/2} = -1,5; \; x_3 = 1)$ des Schaubildes
ablesbar sind, kann der Nullstellenansatz der Funktion (S. 11)
weitgehend aufgestellt werden:

$$f(x) = a \cdot (x+1,5)^2 \cdot (x-1)$$

Dann werden die Koordinaten eines weiteren Punktes, der
kein Schnittpunkt mit der x-Achse ist, eingesetzt.

$P(0,5 \,|\, -2,5)$:

$$f(x) = a \cdot (x+1,5)^2 \cdot (x-1)$$
$$-2,5 = a \cdot (0,5+1,5)^2 \cdot (0,5-1)$$
$$-2,5 = -2a$$
$$\frac{5}{4} = a \;\Rightarrow\; f(x) = \frac{5}{4} \cdot (x+1,5)^2 \cdot (x-1)$$

Notwendig : $\left.\begin{cases} 2 \\ 3 \\ 4 \end{cases}\right.$ Nullstellen bei einer ganzrationalen Funktion $\left.\begin{cases} 2. \\ 3. \\ 4. \end{cases}\right.$ Grades und
mindestens ein weiterer Punkt.

2. Möglichkeit: Differenzialrechnung („Steckbriefaufgaben")

Beispiel

Gesucht ist die Gleichung einer Funktion 4. Grades, deren Schaubild symmetrisch
zur y-Achse ist. Das Schaubild hat den Tiefpunkt $T(2\,|\,1)$ und besitzt an der Stelle 1
die Steigung $-2,4$.

Lösung

Allgemeiner Ansatz: $\qquad f(x) = ax^4 + bx^3 + cx^2 + dx + e$

Da symm. zur y-Achse: $\qquad f(x) = ax^4 + cx^2 + e$ *(nur gerade Hochzahlen)*

$$f'(x) = 4ax^3 + 2cx$$

Bedingungen

$T(2\,|\,1)$ *(Punktprobe)*: $\quad f(2) = 1 \Rightarrow a \cdot 2^4 + c \cdot 2^2 + e = 1 \;\Rightarrow\; 16a + 4c + e = 1$

$T(2\,|\,1)$ *(Bed. $f'(x) = 0$)*: $\quad f'(2) = 4a \cdot 2^3 + 2c \cdot 2 = 0 \qquad \Rightarrow \quad 32a + 4c \quad = 0$

In $x = 1$ Steigung $-2,4$: $\quad f'(1) = 4a \cdot 1^3 + 2c \cdot 1 = -2,4 \quad \Rightarrow \quad 4a + 2c \quad = -2,4$

Lösen des LGS

$$\begin{pmatrix} 16 & 4 & 1 & | & 1 \\ 32 & 4 & 0 & | & 0 \\ 4 & 2 & 0 & | & -2,4 \end{pmatrix} \sim \begin{pmatrix} 16 & 4 & 1 & | & 1 \\ 0 & 2 & 1 & | & 1 \\ 0 & -4 & 1 & | & 10,6 \end{pmatrix} \sim \begin{pmatrix} 16 & 4 & 1 & | & 1 \\ 0 & 2 & 1 & | & 1 \\ 0 & 0 & 3 & | & 12,6 \end{pmatrix}$$

III : $3e = 12,6 \Rightarrow e = 4,2$

in II : $2c + 1 \cdot 4,2 = 1 \Rightarrow c = -1,6$

in I : $16a + 4 \cdot (-1,6) + 1 \cdot 4,2 = 1 \Rightarrow a = 0,2$

Man erhält: $f(x) = 0,2x^4 - 1,6x^2 + 4,2$

Notwendig
Mindestens so viele Bedingungen bzw. Gleichungen wie unbekannte Koeffizienten
im Ansatz vorhanden sind (im Beispiel: 3 Bedingungen bzw. Koeffizienten).

Typische Beschreibungen von Schaubildern und zugehörige math. Bedingungen

Beschreibungen des Schaubildes	Mathematische Bedingungen
Schaubild ist punktsymmetrisch zum Ursprung	$f(x)$ *enthält nur ungerade Hochzahlen* *z.B.* $f(x) = ax^3 + cx$ *bei Grad 3*
Schaubild ist achsensymmetrisch zur y-Achse	$f(x)$ *enthält nur gerade Hochzahlen* *z.B.* $f(x) = ax^4 + cx^2 + e$ *bei Grad 4*
Schaubild verläuft durch P(3|8)	$f(3) = 8$
Schaubild besitzt an der Stelle 2 die Steigung 5 (oder: besitzt am x-Wert 2 eine Tangente mit Steigung 5)	$f'(2) = 5$
Schaubild berührt an der Stelle 3 die x-Achse	$\begin{cases} f(3) = 0 & (\text{\textit{verläuft durch}} \ \text{P(3\|0)}) \\ f'(3) = 0 & (\textit{hier Steigung } 0) \end{cases}$
Schaubild besitzt den Hochpunkt H(−2|3)	$\begin{cases} f(-2) = 3 & (\textit{verläuft durch} \ \text{P(−2\|3)}) \\ f'(-2) = 0 & (\textit{hier Steigung } 0) \end{cases}$
Schaubild besitzt den Tiefpunkt T(−2|3)	*gleiche Bedingungen wie bei* H(−2|3)
Schaubild besitzt den Wendepunkt W(5|7)	$\begin{cases} f(5) = 7 & (\textit{verläuft durch} \ \text{P(5\|7)}) \\ f''(5) = 0 & (\textit{hier keine Krümmung}) \end{cases}$
Schaubild besitzt den Sattelpunkt S(1|4)	$\begin{cases} f(1) = 4 & (\textit{verläuft durch} \ \text{P(1\|4)}) \\ f'(1) = 0 & (\textit{hier Steigung } 0) \\ f''(1) = 0 & (\textit{hier keine Krümmung}) \end{cases}$

3.12 Extremwertaufgaben

Beispiel

Aus einer parabelförmigen Holzplatte soll ein möglichst großes Dreieck (s. Skizze, mit rechtem Winkel rechts unten) herausgesägt werden.

Der Rand der Holzplatte wird durch das Schaubild der Funktion f mit $f(x) = -\dfrac{7}{72}x^2 + \dfrac{7}{2}$ beschrieben.

Welchen Flächeninhalt kann ein solches Dreieck höchstens haben?

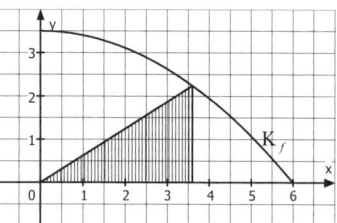

Das Rezept	
Zutaten 	
1. Skizze machen: Alles einzeichnen was in der Aufgabenstellung beschrieben wird.	(hier gegeben)
2. Koordinaten möglichst vieler relevanter Punkte (eventuell in Abhängigkeit von u) angeben. Hierbei beachten: Ein Punkt, der „irgendwo auf dem Schaubild" liegt, besitzt die Koordinaten $(u \mid f(u))$.	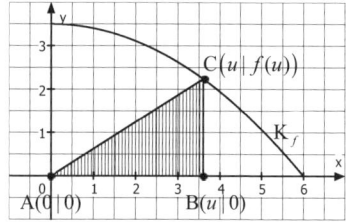
Kochen 	
3. Allgemeine Zielfunktion bestimmen. Formel für die Größe suchen, die maximal (bzw. minimal) werden soll. (z.B. $A = \dfrac{1}{2} \cdot a \cdot b$; $A = \dfrac{1}{2} \cdot c \cdot h_c$; $A = a \cdot b$; $U = 2 \cdot a + 2 \cdot b$; ...)	Flächeninhalt rechtwinkliges Dreieck: $A = \dfrac{1}{2} \cdot a \cdot b$ (Allgemeine Zielfunktion)
4. Benötigte Strecken (a, b, c, h_c, ...) für Allgemeine Zielfunktion in **Skizze einzeichnen.**	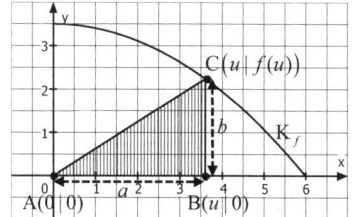

5. Konkrete Zielfunktion bestimmen. **Streckenlängen** durch die Koordinaten der Punkte aus 2. **ausdrücken.** Hierbei beachten: - waagr. Streckenlänge: $x_{rechts} - x_{links}$ - senkr. Streckenlänge: $y_{oben} - y_{unten}$ **Funktionsterm** aus Aufgabenstellung **einsetzen.**	$A(u) = \dfrac{1}{2} \cdot \quad a \quad \cdot \quad b$ $A(u) = \dfrac{1}{2} \cdot (u-0) \quad \cdot \quad (f(u)-0)$ $A(u) = \dfrac{1}{2} \cdot \quad u \quad \cdot \left(-\dfrac{7}{72}u^2 + \dfrac{7}{2} - 0\right)$ (Konkrete Zielfunktion)
6. Schaubild der **Konkreten Zielfunktion** auf **Hochpunkt** (bzw. Tiefpunkt) **untersuchen.**	$A(u) = \dfrac{1}{2} \cdot u \cdot \left(-\dfrac{7}{72}u^2 + \dfrac{7}{2}\right) = -\dfrac{7}{144}u^3 + \dfrac{7}{4}u;$ $A'(u) = -\dfrac{7}{48}u^2 + \dfrac{7}{4};\ A''(u) = -\dfrac{7}{24}u$ 1. $A'(u) = 0:\ -\dfrac{7}{48}u^2 + \dfrac{7}{4} = 0$ Lösung: $u_1 \approx 3,46\quad (u_2 \approx -3,46$ nicht in D$)$ 2. $A''(3,46) \approx -\dfrac{7}{24} \cdot 3,46 < 0\quad \rightarrow H$ 3. $A(3,46) \approx -\dfrac{7}{144} \cdot 3,46^3 + \dfrac{7}{4} \cdot 3,46 \approx 4,04$ $\rightarrow H(3,46 \mid 4,04)$
7. Randwertuntersuchung **Grenzen des Definitionsbereiches** für u in Konkrete Zielfunktion **einsetzen.** Erhaltene y-Werte mit dem y-Wert des Hochpunktes (bzw. Tiefpunktes) **vergleichen.**	Definitionsbereich: $D = [0;\ 6]$ (s. Skizze) $A(0) = 0\ < 4,04$ $A(6) = 0\ < 4,04$

Servieren

8. Antwortsatz Für $u = \ldots$ (x-Wert Extrempunkt) wird ... (gesuchte Größe) maximal (bzw. minimal). Diese beträgt dann ... (y-Wert Extrempunkt).	**Antwortsatz** Für $u \approx 3,46$ wird der Flächeninhalt des Dreiecks maximal. Dieser beträgt dann ungefähr 4,04 Flächeneinheiten.

3.13 Wachstum und Zerfall

1. (Natürliches) exponentielles Wachstum bzw. Zerfall

Exponentielles Wachstum	Exponentieller Zerfall
Beispiel	
Ein Geldbetrag von 500 EUR wird bei einer Bank zu einem Zinssatz von 5 % angelegt.	Von dem radioaktiven Jod 131 sind zu Beginn 7 mg vorhanden. Täglich zerfallen 8 % der vorhandenen Menge.

Funktionsterm $f(t) = a \cdot e^{k \cdot t}$

$\left(a : \text{Anfangsbestand} = f(0) \right)$

$$f(t) = 500 \cdot e^{\ln(1+\frac{5}{100}) \cdot t} = 500 \cdot e^{0,0488 \cdot t}$$
$$(k > 0)$$

$$f(t) = 7 \cdot e^{\ln(1-\frac{8}{100}) \cdot t} = 7 \cdot e^{-0,0834 \cdot t}$$
$$(k < 0)$$

Schaubild

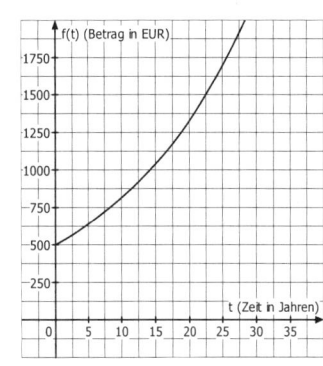

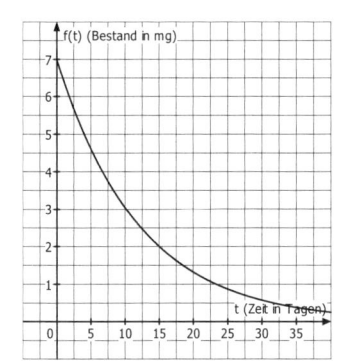

Verdopplungszeit

$$t_V = \frac{\ln(2)}{k} = \frac{\ln(2)}{0,0488} = 14,2 \text{ (Jahre)}$$

Halbwertszeit

$$t_H = \frac{\ln(0,5)}{k} = \frac{\ln(0,5)}{-0,0834} = 8,31 \text{ (Tage)}$$

Merkmal

Bestand ändert sich von Zeitschritt zu Zeitschritt stets um den gleichen Faktor bzw. Prozentsatz.

Differentialgleichung : $f'(t) = k \cdot f(t)$

(k : Wachstums- bzw. Zerfallskonstante; $f'(t)$: Wachstums- bzw. Zerfallsgeschwindigkeit)

Die Änderungsgeschwindigkeit $f'(t)$ ist also proportional zum vorhandenen Bestand $f(t)$.

„Je mehr Bestand vorhanden ist, desto größer ist die Änderung".

2. Beschränktes Wachstum bzw. Zerfall

Beschränktes Wachstum	Beschränkter Zerfall
Beispiel	
Ein Glas mit Milch wird aus dem Kühlschrank (5 °C) genommen und ins Wohnzimmer (20 °C) gestellt.	Eine Pizza wird aus dem Backofen (160 °C) genommen und ins Wohnzimmer (20 °C) gelegt.

Funktionsterm : $f(t) = S - a \cdot e^{-k \cdot t}$

(S: Schranke; $a = S - f(0) =$ Schranke − Anfangsbestand)

($k = 0,2$ hier gegeben)

$f(t) = 20 - (20 - 5) \cdot e^{-0,2 \cdot t} = 20 - 15 \cdot e^{-0,2 \cdot t}$	$f(t) = 20 - (20 - 160) \cdot e^{-0,2 \cdot t} = 20 + 140 \cdot e^{-0,2 \cdot t}$
$\left(\begin{array}{l}\text{Wachstum, da } a = S - f(0) > 0; \\ \text{Schranke größer als Anfangsbestand}\end{array}\right)$	$\left(\begin{array}{l}\text{Zerfall, da } a = S - f(0) < 0; \\ \text{Schranke geringer als Anfangsbestand}\end{array}\right)$

Schaubild

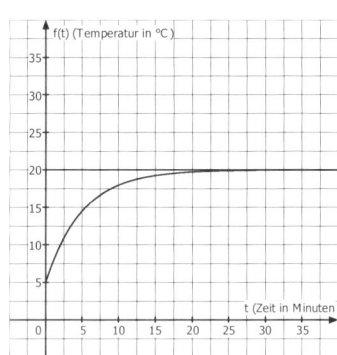 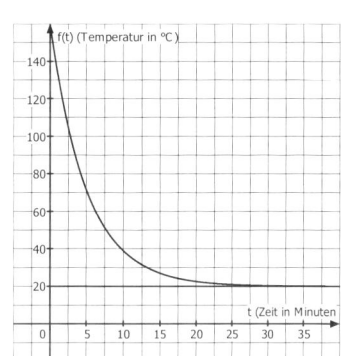

Merkmal

Der Bestand einer zu- oder abnehmenden Größe ist durch eine obere oder untere **Schranke (Asymptote** $y = S$**)** beschränkt.

Differentialgleichung : $f'(t) = k \cdot \big(S - f(t)\big)$

(k : Wachstums- bzw. Zerfallskonstante; $f'(t)$: Wachstums- bzw. Zerfallsgeschwindigkeit)

Die Änderungsgeschwindigkeit $f'(t)$ ist also proportional zum Sättigungsmanko $S - f(t)$.

„Je mehr Abstand noch bis zur Schranke vorhanden ist, desto größer ist die Änderung".

4. Integralrechnung

4.1 Integrationsregeln („Aufleitungsregeln")

Nr.	Beispiel	Vorgehen
	Elementarregeln	
1	$f(x) = x^5$ $F(x) = \dfrac{1}{6}x^6$ $f(x) = 1$ $F(x) = x$ $f(x) = \dfrac{1}{x^2} = x^{-2}$ $F(x) = \dfrac{1}{-1} \cdot x^{-1} = -\dfrac{1}{x}$ Spezialfall: $f(x) = \dfrac{1}{x}$ $F(x) = \ln|x|$	$f(x) = x^{Exponent}$ $F(x) = \dfrac{1}{Exponent + 1} \cdot x^{Exponent+1}$ (Potenzregel)
2	$f(x) = e^x$ $F(x) = e^x$	*Abschreiben*
3	$f(x) = \sin(x)$ $F(x) = -\cos(x)$	$\begin{array}{c} \sin \\ {}^{-\cos} \quad \searrow \quad {}^{\cos} \\ -\sin \end{array}$
4	$f(x) = \cos(x)$ $F(x) = \sin(x)$	*(Gegen den Uhrzeigersinn!)*

Nr.	Beispiel	Vorgehen
	Vorgehensregeln	
5	$f(x) = 2 \cdot x^2$ $F(x) = 2 \cdot \dfrac{1}{3} x^3 = \dfrac{2}{3} x^3$	„Zahlen" mit $\cdot$ oder : „bleiben" (Faktorregel)
6	$f(x) = x^2 + 2$ $F(x) = \dfrac{1}{3} x^3 + 2x$	„Zahlen" mit $+$ oder $-$ „erhalten ein x"
7	$f(x) = x^2 - 4x$ $F(x) = \dfrac{1}{3} x^3 - 2x^2$	$+$ und $-$ Zeichen unterteilen die Funktion in Teilfunktionen, welche einzeln aufgeleitet werden (Summenregel)

Partielle Integration („Produktregel zum Aufleiten")	
8	$f(x) = x \cdot \sin(x)$ $\begin{pmatrix} u(x) = x; & v'(x) = \sin(x) \\ \downarrow & \downarrow \\ u'(x) = 1; & v(x) = -\cos(x) \end{pmatrix}$ $F(x) = x \cdot (-\cos(x)) - \int -\cos(x)\, dx$ $\quad = -x \cdot \cos(x) + \sin(x)$ $f(x) = e^{2x} \cdot x$ $\begin{pmatrix} u(x) = x; & v'(x) = e^{2x} \\ \downarrow & \downarrow \\ u'(x) = 1; & v(x) = \dfrac{1}{2} e^{2x} \end{pmatrix}$ $F(x) = \dfrac{1}{2} x \cdot e^{2x} - \int \left(\dfrac{1}{2} e^{2x} \right) dx$ $\quad = \dfrac{1}{2} x \cdot e^{2x} - \dfrac{1}{4} e^{2x}$	*Ein Faktor wird als „abgeleitet angenommen"* $\downarrow$ $f(x) = u(x) \cdot v'(x)$ $F(x) = u(x) \cdot v(x) - \int (u'(x) \cdot v(x))\, dx$ $\uparrow$ *bedeutet : „Aufleiten"!*

Hinweis : Auch beim 2. Beispiel wird $u(x) = x$ (und nicht $u(x) = e^{2x}$) gewählt, da dann das „Aufleiten" von $u'(x) \cdot v(x)$ (wegen $u'(x) = 1$) direkt möglich ist.

Nr.	Beispiel	Vorgehen
Anwendungen der Kettenregel		

Nr.	Beispiel	Vorgehen
Anwendungen der Kettenregel		
9	$f(x) = (2x+3)^5$ $F(x) = \dfrac{1}{6} \cdot (2x+3)^6 \cdot \dfrac{1}{2}$ $\quad = \dfrac{1}{12} \cdot (2x+3)^6$ $f(x) = \dfrac{1}{(2x+3)^5}$ $\quad = (2x+3)^{-5}$ $F(x) = \dfrac{1}{-4} \cdot (2x+3)^{-4} \cdot \dfrac{1}{2}$ $\quad = -\dfrac{1}{8} \dfrac{1}{(2x+3)^4}$ Spezialfall: $f(x) = \dfrac{1}{(2x+3)}$ $F(x) = \ln|2x+3| \cdot \dfrac{1}{2}$	$f(x) = (Klammerinhalt)^{Exponent}$ $F(x) = \dfrac{1}{Exponent+1} \cdot (Klammerinhalt)^{Exponent+1} \cdot \dfrac{1}{\substack{Klammerinhalt \\ abgeleitet}}$ Spezialfall: $f(x) = \dfrac{1}{(Klammerinhalt)}$ $F(x) = \ln|Klammerinhalt| \cdot \dfrac{1}{\substack{Klammerinhalt \\ abgeleitet}}$
10	$f(x) = e^{2x+3}$ $F(x) = e^{2x+3} \cdot \dfrac{1}{2}$	$f(x) = e^{Exponent}$ $F(x) = e^{Exponent} \cdot \dfrac{1}{Exponent\ abgeleitet}$
11	$f(x) = \sin(2x+3)$ $F(x) = -\cos(2x+3) \cdot \dfrac{1}{2}$	$f(x) = \sin(Klammerinhalt)$ $F(x) = -\cos(Klammerinhalt) \cdot \dfrac{1}{Klammerinhalt\ abgeleitet}$
12	$f(x) = \cos(2x+3)$ $F(x) = \sin(2x+3) \cdot \dfrac{1}{2}$	$f(x) = \cos(Klammerinhalt)$ $F(x) = \sin(Klammerinhalt) \cdot \dfrac{1}{Klammerinhalt\ abgeleitet}$

Hinweis : Streng genommen gilt das obige Vorgehen nur, falls der *Klammerinhalt* bzw. *Exponent* **linear** („enthält nur x, also kein x^2, e^x, ...") ist.
Andere Funktionen müssen im Abitur jedoch auch nicht „aufgeleitet" werden.

1. Bemerkung (Integrationskonstante)

Eine Funktion hat **nur eine** Ableitungsfunktion, aber **unendlich viele** Stammfunktionen, da der hintere Summand **c** (genannt: Integrationskonstante) beim Ableiten verschwindet.

Allg.: $F(x) = \dfrac{1}{3}x^3 + c$

$$F(x) = \frac{1}{3}x^3 \qquad F(x) = \frac{1}{3}x^3 + 2 \qquad F(x) = \frac{1}{3}x^3 - 3$$

$$f(x) = x^2$$

$$f'(x) = 2x$$

Grafische Erklärung : c verschiebt das Schaubild der Stammfunktion nur nach oben bzw. unten und ist also für die Steigung unerheblich. Deshalb haben „alle Stammfunktionen" F dieselbe (abgeleitete) Funktion f.

2. Bemerkung („Aufleiten" bei Funktionenscharen)

Der Parameter (t) wird beim „Aufleiten" wie eine Zahl behandelt.

Beispiel: $f_t(x) = t^2 x^3 + t$

$$F_t(x) = \frac{1}{4}t^2 x^4 + tx$$

4.2 Flächeninhaltsberechnung zwischen Schaubild und *x*-Achse

1. Fläche oberhalb der *x*-Achse

Beispiel

Gegeben ist die Funktion f mit $f(x) = -x^2 + 1$.
Welchen Inhalt besitzt die schraffierte Fläche?

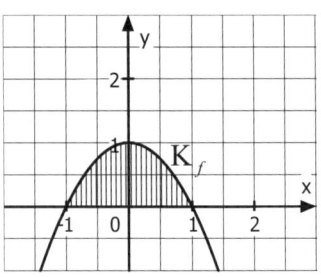

Ansatz

$$A = \int_{a}^{b} (f(x))\, dx = \left[F(x) \right]_{a}^{b} = F(b) - F(a)$$

Lösung

$$A = \int_{-1}^{1} (-x^2 + 1)\, dx = \left[-\frac{1}{3}x^3 + x \right]_{-1}^{1} = -\frac{1}{3} \cdot 1^3 + 1 - \left(-\frac{1}{3} \cdot (-1)^3 + (-1) \right) \approx 1{,}333 \text{ FE}$$

↑   →   →

Rechte Grenze   *aufleiten*   *Rechte und linke*
nach oben,   *Grenze in Stammfunktion*
linke nach unten   *einsetzen,*
                              voneinander subtrahieren

Merkregel

$$A = \int_{\text{linke Grenze}}^{\text{rechte Grenze}} (\textbf{Funktionsterm})\, dx$$

2. Fläche unterhalb der *x*-Achse

Unterschied

$$A = \int_{-1}^{1} -(f(x))\, dx$$

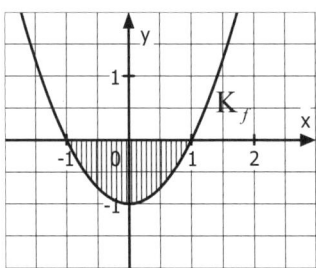

Minuszeichen beachten!
Sonst: negatives Ergebnis

Hinweis: Falls Sie versehentlich ein negatives Ergebnis erhalten, können Sie dies korrigieren, indem Sie **Betragsstriche** setzen.

3. Zusammengesetzte Fläche

Beispiel : Gegeben ist die Funktion f mit $f(x) = \frac{1}{3}x^3 - \frac{1}{6}x^2 - \frac{5}{3}x$. Welchen Inhalt besitzt die schraffierte Fläche?

Vorgehen (am Beispiel)

1. Nullstellen bestimmen

$f(x) = 0 \rightarrow x_1 = -2; \ x_2 = 0; \ x_3 = 2,5$

2. Teilflächeninhalte bestimmen

$A_1 = \int\limits_{-2}^{0} f(x)dx \approx 1,56;$

$A_2 = \int\limits_{0}^{2,5} \left(-f(x)\right) \, dx \approx 2,82;$

$A_3 = \int\limits_{2,5}^{3} f(x) \, dx \approx 0,57$

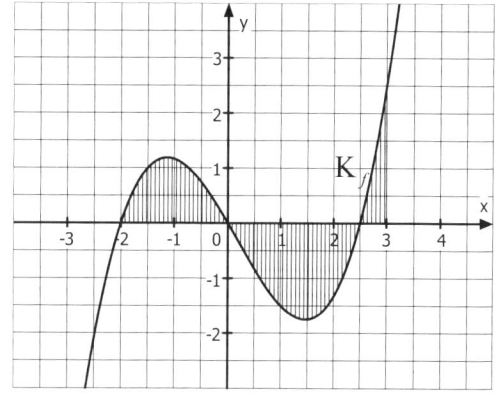

3. Gesamtflächeninhalt bestimmen

$A = A_1 + A_2 + A_3 \approx 1,56 + 2,82 + 0,57 = 4,95$ FE

Von Nullstelle zu Nullstelle integrieren!

Ansonsten werden positive und negative Flächeninhaltswerte zu einer **„Flächenbilanz"** verrechnet.

4. Interpretation von Flächeninhalten

Der Inhalt der markierten Fläche gibt an …

Beispiel 1

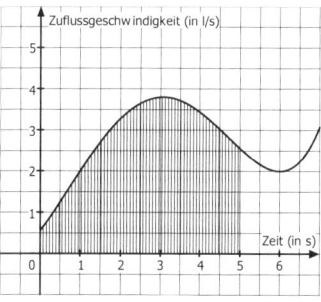

… welche Wassermenge (in l) innerhalb von 5 s zugeflossen ist.

Beispiel 2

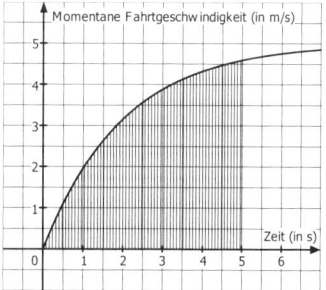

… welche Strecke (in m) innerhalb von 5 s zurückgelegt wurde.

Tipp : Einheit Integral („Fläche") = Einheit Funktion · Einheit Variable

4.3 Flächeninhaltsberechnung zwischen zwei Schaubildern

1. Einzelfläche

Beispiel

Gegeben sind die Funktionen f mit $f(x) = -x^2 + 1$
und g mit $g(x) = x - 1$.
Welchen Inhalt besitzt die schraffierte Fläche?

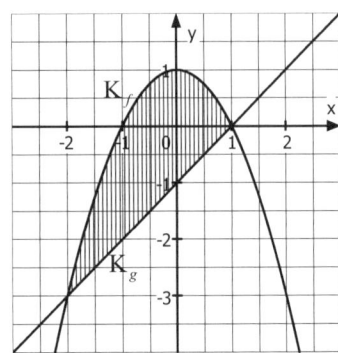

Ansatz

$$A = \int_a^b \left(f(x) - g(x) \right) dx$$

Lösung

Rechte Grenze nach oben, linke nach unten	*Oberer Funktions- term minus unterer Funktionsterm*	*eventuell vereinfachen*	*aufleiten*
↘	↙	→	→

$$A = \int_{-2}^1 \left((-x^2 + 1) - (x-1) \right) dx = \int_{-2}^1 \left(-x^2 - x + 2 \right) dx = \left[-\frac{1}{3}x^3 - \frac{1}{2}x^2 + 2x \right]_{-2}^1$$

$$= -\frac{1}{3}\cdot 1^3 - \frac{1}{2}\cdot 1^2 + 2\cdot 1 \;-\; \left(-\frac{1}{3}\cdot(-2)^3 - \frac{1}{2}\cdot(-2)^2 + 2\cdot(-2) \right) = 4,5 \text{ FE}$$

→

Rechte und linke Grenze in Stammfunktion einsetzen, voneinander subtrahieren

Merkregel

$$A = \int_{\text{linke Grenze}}^{\text{rechte Grenze}} (\text{oberer Funktionsterm} - \text{unterer Funktionsterm})\, dx$$

Bemerkung (Lage zur x- Achse)

Bei einer Fläche, die zwischen zwei Schaubildern liegt, ist es hingegen völlig unerheblich, ob sich diese oberhalb oder unterhalb der x-Achse befindet.

2. Zusammengesetzte Fläche

Beispiel : Gegeben sind die Funktionen f mit $f(x) = \dfrac{1}{3}x^3 - \dfrac{1}{6}x^2 - \dfrac{5}{3}x$ und g mit

$g(x) = -0,5x$. Welchen Inhalt besitzt die schraffierte Fläche?

Vorgehen (am Beispiel)

1. Schnittstellen bestimmen

$f(x) = g(x) \;\rightarrow x_1 \approx -1,64;\; x_2 = 0;\; x_3 \approx 2,14$

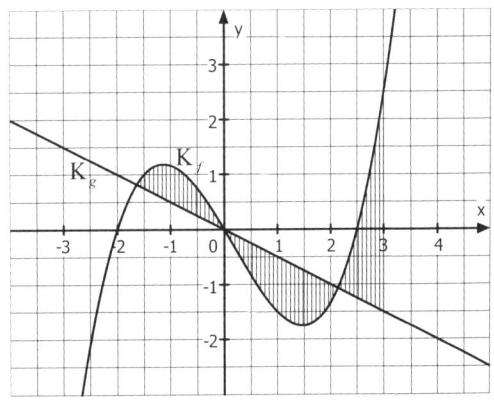

2. Teilflächeninhalte bestimmen

$A_1 = \displaystyle\int_{-1,64}^{0} \left(f(x) - g(x) \right) dx \approx 0,72;$

$A_2 = \displaystyle\int_{0}^{2,14} \left(g(x) - f(x) \right) dx \approx 1,47;$

$A_3 = \displaystyle\int_{2,14}^{3} \left(f(x) - g(x) \right) dx \approx 1,47$

3. Gesamtflächeninhalt bestimmen

$A = A_1 + A_2 + A_3 \approx 0,72 + 1,47 + 1,47 = 3,66$ FE

Von Schnittstelle zu Schnittstelle integrieren!

Ansonsten werden positive und negative
Flächeninhaltswerte zu einer
„Flächenbilanz" verrechnet.

Beispiel

Berechnen Sie jeweils den Inhalt der schraffierten Fläche.

a) $f(x) = -2\cos\left(\dfrac{\pi}{3}x\right)$

$$A = \int\limits_{-1,5}^{1,5} \left(-f(x)\right)dx = \int\limits_{-1,5}^{1,5} \left(-\left(-2\cos\left(\dfrac{\pi}{3}x\right)\right)\right)dx$$

$$= \int\limits_{-1,5}^{1,5} \left(2\cos\left(\dfrac{\pi}{3}x\right)\right)dx = \left[2\sin\left(\dfrac{\pi}{3}x\right)\cdot\dfrac{1}{\dfrac{\pi}{3}}\right]_{-1,5}^{1,5}$$

$$= \left[2\sin\left(\dfrac{\pi}{3}x\right)\cdot\dfrac{3}{\pi}\right]_{-1,5}^{1,5} = \left[\dfrac{6}{\pi}\sin\left(\dfrac{\pi}{3}x\right)\right]_{-1,5}^{1,5}$$

$$= \dfrac{6}{\pi}\sin\left(\dfrac{\pi}{3}\cdot 1,5\right) - \left(\dfrac{6}{\pi}\sin\left(\dfrac{\pi}{3}\cdot(-1,5)\right)\right) \approx 1,91-(-1,91) \approx 3,82 \text{ FE}$$

b) $f(x) = -e^{0,5x+1} + 2$

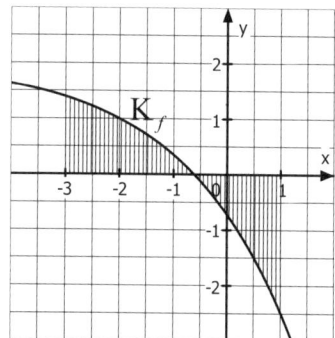

1. Nullstelle bestimmen

$$f(x) = 0$$

$$\begin{aligned} -e^{0,5x+1} + 2 &= 0 && \mid +e^{0,5x+1}\\ 2 &= e^{0,5x+1} && \mid \ln(\ )\\ \ln(2) &= 0,5x+1 && \mid -1\\ -0,31 &\approx 0,5x && \mid :0,5\\ -0,62 &\approx x \end{aligned}$$

2. Teilflächeninhalte bestimmen und 3. Gesamtflächeninhalt bestimmen

$$A \approx A_1 + A_2 \approx \int\limits_{-3}^{-0,62} f(x)\,dx + \int\limits_{-0,62}^{1} -f(x)\,dx$$

$$\approx \int\limits_{-3}^{-0,62} \left(-e^{0,5x+1}+2\right)dx + \int\limits_{-0,62}^{1} \left(-\left(-e^{0,5x+1}+2\right)\right)dx$$

$$\approx \left[-e^{0,5x+1}\cdot\dfrac{1}{0,5}+2x\right]_{-3}^{-0,62} + \left[e^{0,5x+1}\cdot\dfrac{1}{0,5}-2x\right]_{-0,62}^{1}$$

$$\approx -e^{0,5\cdot(-0,62)+1}\cdot\frac{1}{0,5}+2\cdot(-0,62)-\left(-e^{0,5\cdot(-3)+1}\cdot\frac{1}{0,5}+2\cdot(-3)\right)+$$

$$e^{0,5\cdot1+1}\cdot\frac{1}{0,5}-2\cdot1-\left(e^{0,5\cdot(-0,62)+1}\cdot\frac{1}{0,5}-2\cdot(-0,62)\right)$$

$$\approx -5,22-(-7,21)+6,96-5,22\approx1,99+1,74\approx3,73\ \text{FE}$$

c) $f(x)=\dfrac{1}{x}$ und $g(x)=-x+4$

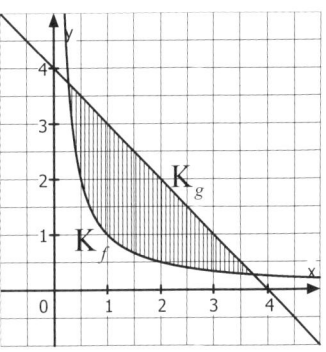

1. Schnittstellen bestimmen

$$f(x)=g(x)$$
$$\frac{1}{x}=-x+4 \qquad |\cdot x$$
$$1=-x^2+4x \qquad |+x^2-4x$$
$$x^2-4x+1=0$$

$$x_{1/2}=\frac{-(-4)\pm\sqrt{(-4)^2-4\cdot1\cdot1}}{2\cdot1}\quad\text{(abc-Formel)}$$

$$=\frac{4\pm\sqrt{12}}{2}\approx\frac{4\pm3,46}{2}$$

$$x_1\approx\frac{4+3,46}{2}=3,73; \qquad x_2\approx\frac{4-3,46}{2}=0,27$$

2. Teilflächeninhalte bestimmen und 3. Gesamtflächeninhalt bestimmen

$$A\approx\int_{0,27}^{3,73}\big(g(x)-f(x)\big)dx\approx\int_{0,27}^{3,73}\left(-x+4-\frac{1}{x}\right)dx$$

$$\approx\left[-\frac{1}{2}x^2+4x-\ln(x)\right]_{0,27}^{3,73}\approx-\frac{1}{2}\cdot3,73^2+4\cdot3,73-\ln(3,73)-\left(-\frac{1}{2}\cdot0,27^2+4\cdot0,27-\ln(0,27)\right)$$

$$\approx4,22\ \text{FE}$$

4.4 Berechnung des Rotationsvolumens:
Fläche zwischen Schaubild und *x*-Achse rotiert um die *x*-Achse

Beispiel

Gegeben ist die Funktion f mit $f(x) = x + 0,5$.
Deren Schaubild rotiert zwischen den beiden Grenzen
$a = 0$ und $b = 2$ um die *x*-Achse.
Welches Volumen besitzt der entstehende Rotationskörper?

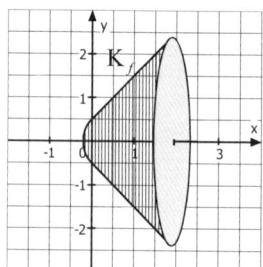

Ansatz

$$V_{rot} = \pi \cdot \int_{a}^{b} (f(x))^2 \, dx$$

Lösung

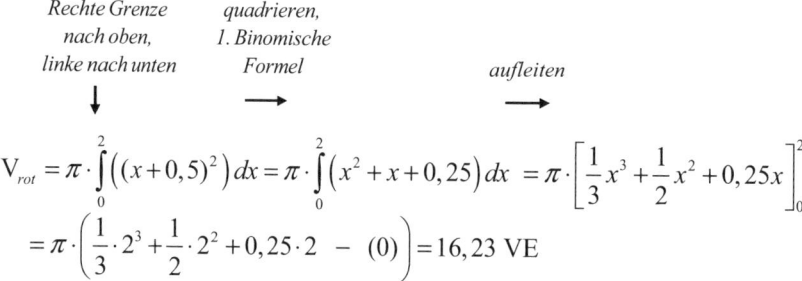

Rechte Grenze nach oben, linke nach unten	quadrieren, 1. Binomische Formel	aufleiten
↓	⟶	⟶

$$V_{rot} = \pi \cdot \int_{0}^{2} \left((x+0,5)^2\right) dx = \pi \cdot \int_{0}^{2} \left(x^2 + x + 0,25\right) dx = \pi \cdot \left[\frac{1}{3}x^3 + \frac{1}{2}x^2 + 0,25x\right]_{0}^{2}$$

$$= \pi \cdot \left(\frac{1}{3} \cdot 2^3 + \frac{1}{2} \cdot 2^2 + 0,25 \cdot 2 \ - \ (0)\right) = 16,23 \text{ VE}$$

⟶

Rechte und linke Grenze in Stammfunktion einsetzen, voneinander subtrahieren

4.5 Berechnung des Rotationsvolumens:
Fläche zwischen zwei Schaubildern rotiert um die *x*-Achse

Beispiel

Gegeben sind die beiden Funktionen
f mit $f(x)$ und g mit $g(x)$.
Die Fläche zwischen den beiden
zugehörigen Schaubildern und den
Grenzen $a = 0$ und $b = 2$
rotiert um die *x*-Achse.
Welches Vorgehen führt zum
Volumen des entstehenden
Rotationskörpers?

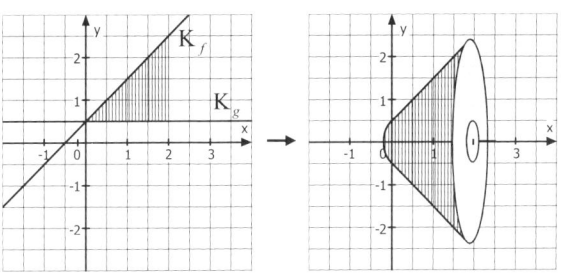

Vorgehen (am Beispiel)

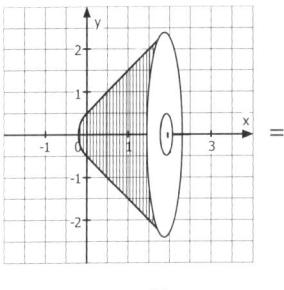 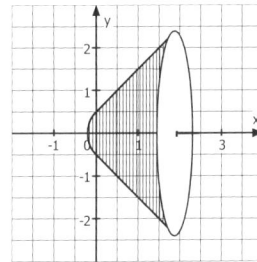 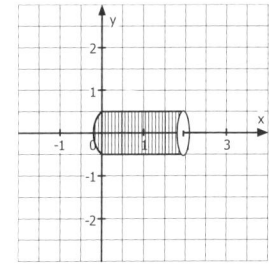

$$V_{rot} \qquad = \qquad V_{gesamt} \qquad - \qquad V_{\text{„Hohlraum"}}$$

$$= \qquad \pi \cdot \int_0^2 \left(f(x) \right)^2 dx \qquad - \qquad \pi \cdot \int_0^2 \left(g(x) \right)^2 dx$$

$$= \qquad \pi \cdot \int_0^2 \left(f(x) \right)^2 - \left(g(x) \right)^2 dx$$

$$\left(\neq \qquad \pi \cdot \int_0^2 \left(f(x) - g(x) \right)^2 dx \qquad \text{Falscher Ansatz!} \right)$$

77

4.6 Mittelwert (durchschnittlicher *y*-Wert) einer Funktion

Beispiel

Die Funktion f mit $f(x) = -10x^2 + 60x$ gibt zu jedem
Zeitpunkt die momentane Geschwindigkeit eines
Zuges während einer 6-stündigen Zugfahrt an.
Welche **durchschnittliche Geschwindigkeit**
hat der Zug von der 2. bis zur 5. Stunde?

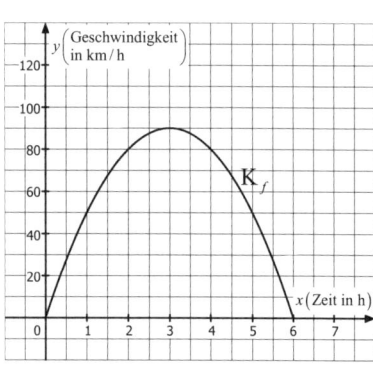

Ansatz

$$\overline{m} = \frac{1}{b-a} \cdot \int_a^b (f(x))\, dx$$

Lösung

$$\overline{m} = \frac{1}{5-2} \cdot \int_2^5 \left(-10x^2 + 60x\right) dx = \frac{1}{3} \cdot \left[-\frac{10}{3}x^3 + \frac{60}{2}x^2\right]_2^5$$

$$= \frac{1}{3} \cdot \left(-\frac{10}{3}\cdot 5^3 + \frac{60}{2}\cdot 5^2 \ - \ \left(-\frac{10}{3}\cdot 2^3 + \frac{60}{2}\cdot 2^2\right)\right) = 80\,[\text{km/h}]$$

Bemerkungen

• Der Ansatz zur Berechnung der **mittleren (durchschnittlichen) Steigung** eines
Schaubildes in einem bestimmten Bereich lautet:

$$\frac{1}{b-a} \cdot \int_a^b (f'(x))\, dx \qquad \left(\text{alternativ über Sekantensteigung: } \frac{y_2 - y_1}{x_2 - x_1} = \frac{f(b) - f(a)}{b-a}\right)$$

• Der Ansatz zur Berechnung der **mittleren (durchschnittlichen) Abweichung**
zwischen den *y*-Werten zweier Funktionen (bzw. des mittleren Abstandes der zugehörigen
Schaubilder) in einem bestimmten Bereich lautet:

$$\frac{1}{b-a} \cdot \int_a^b |f(x) - g(x)|\, dx$$

4.7 Flächen, die bis ins Unendliche reichen (Uneigentliche Integrale)

Beispiel

Der Inhalt der rechts offenen Fläche, die durch das Schaubild der Funktion f mit $f(x) = e^{-x}$ und die beiden Koordinatenachsen eingeschlossen wird, soll berechnet werden.

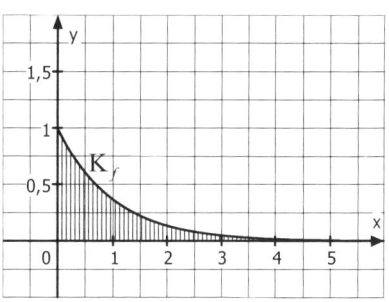

Problem : Schaubild schneidet die x-Achse nicht. Rechte Grenze liegt „unendlich weit rechts".

Vorgehen (am Beispiel)

1. Unbekannte Grenze mit z bezeichnen, damit Flächeninhalt A(z) bestimmen

$$A(z) = \int_0^z \left(e^{-x} \right) dx = \left[-e^{-x} \right]_0^z = -e^{-z} - \left(-e^0 \right) = -e^{-z} - (-1) = -e^{-z} + 1$$

2. A(z) untersuchen, wenn z gegen $+\infty$ strebt $\left(z \to +\infty \right)$

(z.B. $z = 1000$: $A(1000) = -e^{-10000} + 1 \approx 0 + 1 \approx 1$; „Nebenrechnung")

$z \to +\infty$: $A(z) = -e^{-z} + 1 \to 0 + 1 = 1 \Rightarrow$ Flächeninhalt strebt gegen $1\ cm^2$

Ist es für Sie wirklich einsichtig, dass der Flächeninhalt weniger als $1\ cm^2$ beträgt, obwohl sich die Fläche unendlich weit nach rechts erstreckt? Falls nicht, können Sie das schnell ändern, indem Sie das nachfolgende Gedankenexperiment durchführen!

Gedankenexperiment

Mit einer Schere wird ein Blatt Papier halbiert.

Die obere Hälfte wird in ein Koordinatensystem gelegt.

Die untere Hälfte wird wiederum halbiert.

Deren obere Hälfte wird ebenfalls in das Koordinatensystem gelegt.

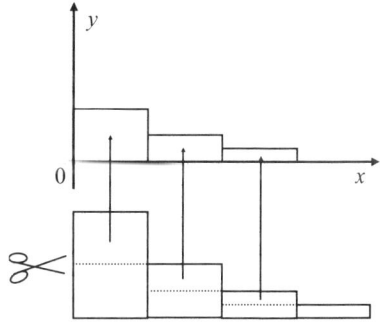

...

Nach und nach erhält man eine Fläche, welche der im oberen Koordinatensystem dargestellten Fläche ähnelt:

Die Höhe wird ebenfalls immer geringer und die Fläche erstreckt sich ebenfalls unendlich weit nach rechts. Man kann das Blatt ja (zumindest theoretisch) unendlich oft halbieren. Ist der Inhalt der Fläche unendlich groß?

Nein! Er kann niemals größer als die Fläche des Papierblattes sein!

Ebenso verhält es sich mit der oberen markierten Fläche.

4.8 Wichtiges für Anwendungsorientierte Aufgaben

1. Typische Problemstellungen und benötigte Funktionen

Anwendungsorientierte Aufgaben („Textaufgaben") thematisieren oftmals (zumindest sinngemäß) eine der nachfolgenden Problemstellungen.
Hierbei liegt der Aufgabenschwerpunkt oftmals auf dem bedeutungsmäßigen Zusammenhang zwischen Funktion und Ableitungsfunktion.

Bedeutung von $f(x)$	Bedeutung von $f'(x)$	Bedeutung von $\int_a^b (f'(x))\,dx$
Pflanzenhöhe (z.B. in m) in Abhängigkeit von der Zeit (z.B. in s)	Momentane Wachstumsgeschwindigkeit einer Pflanze (z.B. in m/s) in Abh. von der Zeit	Zunahme der Pflanzenhöhe zwischen zwei Zeitpunkten
Vorhandene Wassermenge (z.B. in l) in Abh. von der Zeit (z.B. in s)	Momentane Zu- bzw. Abflussgeschwindigkeit von Wasser (z.B. in l/s) in Abh. von der Zeit	Änderung der vorhandenen Wassermenge zwischen zwei Zeitpunkten
Zurückgelegte Wegstrecke (z.B. in m) in Abh. von der Zeit (z.B. in s)	Momentane Fahrtgeschwindigkeit eines Autos (z.B. in m/s) in Abh. von der Zeit	Zurückgelegte Wegstrecke zwischen zwei Zeitpunkten
Vorhandene Alkoholmenge im Blut (z.B. in g) in Abh. von der Zeit (z.B. in min)	Momentane Abbaugeschwindigkeit von Alkohol im Blut (z.B. in g/min) in Abh. von der Zeit	Änderung der vorhandenen Alkoholmenge im Blut zwischen zwei Zeitpunkten
Beschreibt die: **Aktuellen Werte** **der** **„interessierenden Größe"** in Abh. von einer anderen Größe	Beschreibt die: **Momentane Änderung** **der** **„interessierenden Größe"** in Abh. von einer anderen Größe	
Häufiges Merkmal: **„Einheit ohne Bruch"** **(z.B. m)**	Häufiges Merkmal: **„Einheit mit Bruch"** **(z.B. m/s)**	

Hinweis: Die obigen Zusammenhänge gelten natürlich auch zwischen Stammfunktion $F(x)$ und der zugehörigen Funktion $f(x)$.

2. Von der Aufgabenformulierung zum Rechenansatz („Schlüsselwörter")

Da sich anwendungsorientierte Aufgaben auf alle Inhalte der Analysis beziehen können, ist es oftmals schwierig, von der Aufgabenformulierung zum zugehörigen Rechenansatz zu gelangen. Die nachfolgende Zusammenstellung soll Ihnen dabei helfen.

Aufgabenformulierung	Rechenansatz
Bestand zum Beobachtungsbeginn; Anfangsbestand; Startwert; …	$f(0)$
Bestand bzw. Wert zu einem bestimmten Zeitpunkt; …	gegebenen Zeitpunkt einsetzen: $f(x_0)$
Ab welchem bzw. bis zu welchem Zeitpunkt liegt mehr bzw. weniger als ein bestimmter Bestand vor; ein bestimmter Wert wird über- bzw. unterschritten; höher bzw. geringer als; …	$f(x) = \text{Wert}$ (gleichsetzen um zum Anfangs- bzw. Endzeitpunkt zu gelangen)
Momentane Änderungsrate; Änderung zu einem Zeitpunkt; steil bzw. flach; Steigung; …	$f'(x)$ bzw. $f'(x_0)$
kleinster (geringster) bzw. größter (höchster) Wert; …	Hoch- oder Tiefpunkt von K_f
größte Änderung; stärkster Zuwachs bzw. stärkste Abnahme; steilste Stelle; …	Wendepunkt von K_f bzw. Hoch oder Tiefpunkt von $K_{f'}$
Winkel; Steigungswinkel; …	$\tan \alpha = m$
Größter bzw. kleinster Flächeninhalt, Volumen, Abstand, Länge, …	Extremwertaufgabe
Langfristig, über sehr langen Zeitraum; Grenzwert; … (bei e-Funktion)	Asymptote
gesamt; insgesamt; …	$\displaystyle\int_a^b f(x)\, dx$
mittlerer; durchschnittlicher; …	$\displaystyle\overline{m} = \frac{1}{b-a} \cdot \int_a^b \big(f(x)\big)\, dx$
Volumen	$\displaystyle V_{rot} = \pi \cdot \int_a^b \big(f(x)\big)^2\, dx$

Beispiel

Auf der Autobahn A8 bildet sich ein Stau.
Das Koordinatensystem enthält den Graphen der
Funktion f mit $f(t)$, welche die momentane Zu-
bzw. Abflussrate an Autos darstellt.
(Positive Funktionswerte stehen hierbei für
einen Zufluss, negative für einen Abfluss.)

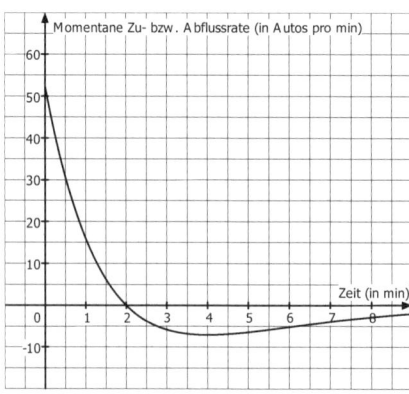

a) Notieren Sie zu jeder Aufgabenstellung einen
passenden Rechenansatz.

Aufgabenformulierung	Rechenansatz
Wie viele Autos stehen in $t=1$ mehr im Stau als in $t=0$?	$\int_0^1 f(t)\,dt$
Um wie viele (betroffene) Autos hat sich der Stau zwischen der 1. und der 6. Minute verändert?	$\int_1^6 f(t)\,dt$
Wie ist die momentane Zuflussrate im Stau in $t=1,4$?	$f(1,4)$
Zu welchem Zeitpunkt fahren genau so viele Autos in den Stau ein, wie aus diesem heraus?	$f(t)=0$
Zu welchem Zeitpunkt verringert sich die Anzahl der im Stau stehenden Autos am stärksten?	$f'(t)=0$
Zu welchem Zeitpunkt stehen genau so viele Autos im Stau wie in $t=0$?	$\int_0^{t_1} f(t)\,dt = 0$
Wie groß ist die mittlere Zu- bzw. Abflussrate von Autos im Stau zwischen $t=1$ und $t=8$?	$\dfrac{1}{7}\int_1^8 f(t)\,dt$

Das Schaubild enthält den Graphen der zugehörigen Stammfunktion F mit F(t), welche die gesamte Anzahl der im Stau stehenden Autos angibt.

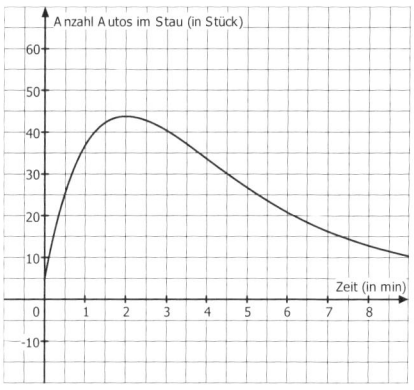

b) Notieren Sie zu jeder Aufgabenstellung einen passenden Rechenansatz.

Aufgabenformulierung	Rechenansatz
Zu welchem Zeitpunkt stehen genau 30 Autos im Stau?	$F(t) = 30$
Zu welchem Zeitpunkt fahren genau so viele Autos in den Stau ein, wie aus diesem heraus?	$F'(t) = 0$
Wie viele Autos stehen in den ersten 8 Minuten durchschnittlich im Stau?	$\dfrac{1}{8}\displaystyle\int_{0}^{8} F(t)\, dt$
In welchem Zeitraum verringert sich die Anzahl der Autos im Stau?	$F'(t) < 0$

II. Grundlagen Stochastik

1. Baumdiagramm und Pfadregeln

1.1 Einführung

Beispiel 1: In einer Urne befinden sich 4 rote, 3 blaue und 2 grüne Kugeln. Es werden nacheinander 2 Kugeln entnommen. Mit welcher Wahrscheinlichkeit wird 2-mal die gleiche Farbe gezogen? Entnommene Kugeln werden hierbei …

a) … wieder zurückgelegt.   **b)** … nicht wieder zurückgelegt.
(Ziehen mit Zurücklegen)   **(Ziehen ohne Zurücklegen)**

1. Schritt: Baumdiagramm anlegen

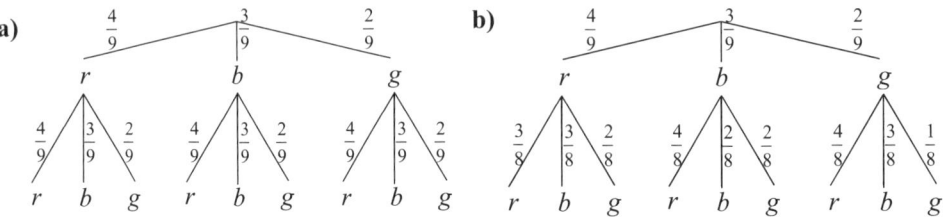

Hinweise
- Zu Beginn befinden sich 9 Kugeln in der Urne, von denen 4 rot sind. Dies führt zu einer Wahrscheinlichkeit von 4/9 für rot. (P = günstige/mögliche)
- Summe der Wahrscheinlichkeiten an jeder Verzweigung: 100 %
- **Ziehen ohne Zurücklegen:** Wahrscheinlichkeiten ändern sich hier von Stufe zu Stufe, abhängig davon: **Wie viele** Kugeln schon gezogen wurden (Änderung im **Nenner**) und **welche** Kugeln in den Vorstufen gezogen wurden (Änderung im **Zähler**).

2. Schritt: Ereignis definieren, welches alle gefragten Ergebnisse enthält

$E = \{rr; bb; gg\}$

3. Schritt: Wahrscheinlichkeit des Ereignisses berechnen

$$P(E) = P(rr) + P(bb) + P(gg) \qquad\qquad P(E) = P(rr) + P(bb) + P(gg)$$

$$= \frac{4}{9} \cdot \frac{4}{9} + \frac{3}{9} \cdot \frac{3}{9} + \frac{2}{9} \cdot \frac{2}{9} = \frac{29}{81} \approx 0,358 \qquad = \frac{4}{9} \cdot \frac{3}{8} + \frac{3}{9} \cdot \frac{2}{8} + \frac{2}{9} \cdot \frac{1}{8} = \frac{5}{18} \approx 0,278$$

- **Pfadaddition:** Ergebniswahrscheinlichkeiten aller zugehörigen Ergebnisse addieren.
- **Pfadmultiplikation:** Ergebniswahrscheinlichkeiten durch Multiplikation „entlang ihres Ergebnispfades".

Beispiel 2: Beim Rundlauf (Mäxle) im Tischtennis stehen sich im Finale zwei Spieler gegenüber. Spieler 1 entscheidet mit einer Wahrscheinlichkeit von 60 % einen Ballwechsel für sich. Wer zuerst 2 Ballwechsel gewonnen hat, ist Sieger.

Mit welcher Wahrscheinlichkeit gewinnt Spieler 1 insgesamt?

$$E = \{11; 121; 211\}$$

$$\begin{aligned}
P(E) &= P(11) + P(121) + P(211) \\
&= 0,6 \cdot 0,6 + 0,6 \cdot 0,4 \cdot 0,6 + 0,4 \cdot 0,6 \cdot 0,6 \\
&= 0,648 = 64,8\ \%
\end{aligned}$$

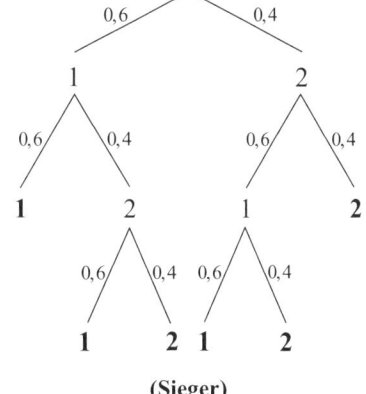

(Sieger)

Beispiel 3: In einem Paket befinden sich 11 Smartphones. 4 davon sind vom Hersteller Samsung (s). Für 70 % der Handys eines jeden Herstellers wird eine Flatrate (f) gebucht. Ein Smartphone wird blind entnommen. Mit welcher Wahrscheinlichkeit ist es nicht von Samsung und ohne Flatrate.

$$E = \{\overline{s}\,\overline{f}\}$$

$$P(E) = P(\overline{s}\,\overline{f}) = \frac{7}{11} \cdot 0,3 \approx 0,191 = 19,1\%$$

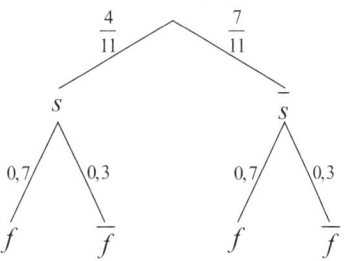

Beispiel 4: 30 % der 100 m-Läufer sind bei einem Wettkampf gedopt (g). Ein Dopingtest entlarvt gedopte Sportler mit einer Wahrscheinlichkeit von 99 %. Jedoch erhält auch ein nicht gedopter Sportler mit einer Wahrscheinlichkeit von 4 % ein positives Dopingtest-ergebnis (p). Mit welcher Wahrscheinlichkeit wird ein zufällig ausgewählter Läufer positiv getestet?

$$E = \{gp; \overline{g}p\}$$

$$\begin{aligned}
P(E) &= P(gp) + P(\overline{g}p) \\
&= 0,3 \cdot 0,99 + 0,7 \cdot 0,04 = 0,325 = 32,5\%
\end{aligned}$$

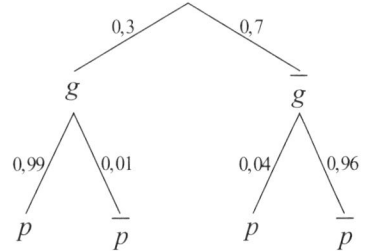

Weitere Beispiele und Aufbau der zugehörigen Baumdiagramme

Ziehen mit Zurücklegen	Ziehen ohne Zurücklegen
Beispiel 1: Es befinden sich immer 10 Teile in einem Karton, von denen 3 Teile stets defekt sind. Es werden 7 Kartons geöffnet. **Anzahl Stufen:** 7 **Wahrscheinlichkeiten:** $d : \frac{3}{10}$; $\bar{d} : \frac{7}{10}$	**Beispiel 1:** Es befinden sich 10 Teile in einem Karton. 3 Teile davon sind defekt. Aus dem Karton werden 4 Teile entnommen. **Anzahl Stufen:** 4 **Wahrscheinlichkeiten:** $d : \frac{3}{10}$; $\bar{d} : \frac{7}{10}$ **(nur 1. Stufe)**
Beispiel 2: Ein Glücksrad mit 6 gleich großen Feldern (1 rotes Feld, 2 blaue Felder, 3 grüne Felder) wird 4-mal gedreht. **Anzahl Stufen:** 4 **Wahrscheinlichkeiten:** $r : \frac{1}{6}$; $b : \frac{2}{6}$; $g : \frac{3}{6}$	**Beispiel 2:** In einer Lostrommel befinden sich 5 Gewinnlose und 25 Nieten. Es werden 4 Lose gezogen. **Anzahl Stufen:** 4 **Wahrscheinlichkeiten:** $G : \frac{5}{30}$; $N : \frac{25}{30}$ **(nur 1. Stufe)**
Beispiel 3: Ein Würfel wird 3-mal geworfen. (Oder: 3 Würfel werden gleichzeitig geworfen.) **Anzahl Stufen:** 3 **Wahrscheinlichkeiten:** $1 : \frac{1}{6}$; $2 : \frac{1}{6}$; ...; $6 : \frac{1}{6}$	**Beispiel 3:** Eine Rubbelkarte hat 16 Felder. Nur eines davon führt zu einem Gewinn. Ein Spieler rubbelt 3 Felder auf. **Anzahl Stufen:** 3 **Wahrscheinlichkeiten:** $G : \frac{1}{16}$; $N : \frac{15}{16}$ **(nur 1. Stufe)**
Beispiel 4: Die Prüfung für den Autoführerschein besteht aus 18 Fragen. Bei jeder Frage gibt es 3 Antwortmöglichkeiten, von denen eine richtig ist. Der Prüfling rät. **Anzahl Stufen:** 18 **Wahrscheinlichkeiten:** $r : \frac{1}{3}$; $f : \frac{2}{3}$	**Beispiel 4:** Aus einem Skatkartenspiel mit jeweils 8 Karten der Farben Kreuz, Pik, Herz und Karo werden 2 Karten entnommen. **Anzahl Stufen:** 2 **Wahrscheinlichkeiten (nur 1. Stufe):** $Kr : \frac{8}{32}$; $P : \frac{8}{32}$; $H : \frac{8}{32}$; $Ka : \frac{8}{32}$
Beispiel 5: Ein Schütze schießt 3-mal. Er trifft mit einer Wahrscheinlichkeit von 75 %. **Anzahl Stufen:** 3 **Wahrscheinlichkeiten:** $t : 0,75$; $\bar{t} : 0,25$	

Tipp: Sind in der Aufgabenstellung Wahrscheinlichkeitsangaben **in Prozent** angegeben, so liegt meist **„Ziehen mit Zurücklegen"** vor.

1.2 Aufgabentypen

Den nachfolgenden 4 Aufgabentypen liegt die gleiche Ausgangssituation und damit das gleiche Baumdiagramm zugrunde.

Ausgangssituation (zu den Aufgabentypen 1-4)

In einer Urne befinden sich 5 rote, 4 blaue und 3 grüne Kugeln. Es werden 3 Kugeln ohne Zurücklegen entnommen.

Baumdiagramm

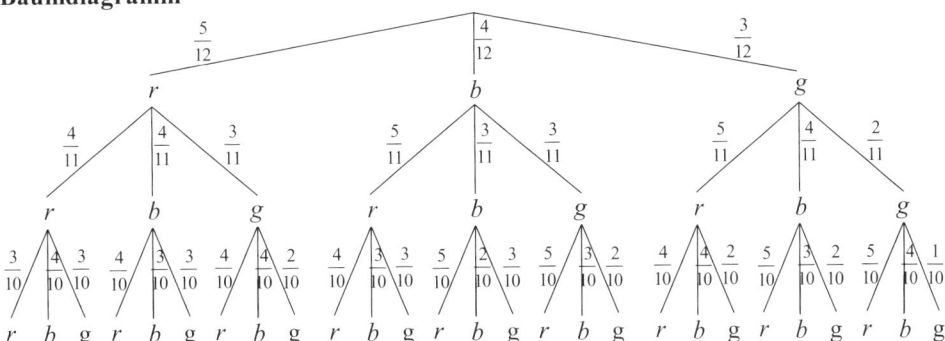

- **Aufgabentyp 1 (Vorgegebene Reihenfolge, also geordnet)**

Mit welcher Wahrscheinlichkeit werden <u>zunächst</u> eine rote Kugel <u>und dann</u> 2 blaue Kugeln gezogen?

$E = \{rbb\}$

$$P(E) = P(rbb) = \frac{5}{12} \cdot \frac{4}{11} \cdot \frac{3}{10} = \frac{1}{22} \approx 0,045 = 4,5\ \%$$

- **Aufgabentyp 2 (Ohne vorgegebene Reihenfolge, also ungeordnet)**

Mit welcher Wahrscheinlichkeit werden (mit einem Griff) eine rote und 2 blaue Kugeln gezogen?

$E = \{rbb; brb; bbr\}$ (keine vorgegebene Reihenfolge, größere Ergebnismenge)

$$P(E) = P(rbb) + P(brb) + P(bbr)$$

$$= \frac{5}{12} \cdot \frac{4}{11} \cdot \frac{3}{10} + \frac{4}{12} \cdot \frac{5}{11} \cdot \frac{3}{10} + \frac{4}{12} \cdot \frac{3}{11} \cdot \frac{5}{10}$$

$$= 3 \cdot \left(\frac{5}{12} \cdot \frac{4}{11} \cdot \frac{3}{10} \right) \quad \text{(3 mögliche Umordnungen,}$$
$$\qquad\qquad\qquad\qquad \text{alle mit gleicher Wahrscheinlichkeit)}$$

$$= \frac{3}{22} = 0,136 = 13,6\ \%$$

• **Aufgabentyp 3 (mit dem Gegenereignis arbeiten)**

Mit welcher Wahrscheinlichkeit wird mindestens eine rote oder eine blaue Kugel gezogen? (Zur Ausgangssituation S. 89)

$$E = \{rrr; rrb; rrg; rbr; ...(\textbf{viele} \text{ weitere})\}$$

Idee: Nur wenige Ergebnisse aus der Ergebnismenge gehören nicht zum Ereignis E. Das **Gegenereignis** ($\overline{E}$: Nur grüne Kugeln) beinhaltet damit nur ein einziges Ergebnis, wodurch dessen Wahrscheinlichkeit schnell berechnet werden kann.

$$\overline{E} = \{ggg\}$$

$$P(\overline{E}) = P(ggg) = \frac{3}{12} \cdot \frac{2}{11} \cdot \frac{1}{10} = \frac{1}{220} \approx 0,0045 = 0,45\,\%$$

$$\mathbf{P(E)} = \mathbf{1 - P(\overline{E})} = 1 - \frac{1}{220} = \frac{219}{220} \approx 0,9955 = 99,55\,\%$$

> Falls die Signalwörter „**mindestens**" oder „**höchstens**" in Aufgabenstellungen enthalten sind, können diese oftmals mit dem **Gegenereignis** bearbeitet werden.

• **Aufgabentyp 4 (Baumdiagramm verkleinern)**

Mit welcher Wahrscheinlichkeit wird genau eine rote Kugel gezogen? (Zur Ausgangssituation S. 89)

$$E = \{rbb; rbg; rgb; rgg; brb; ...(\textbf{viele} \text{ weitere})\}$$

Idee: Bei dieser Aufgabenstellung ist es nicht relevant, ob bei einem Zug eine blaue oder eine grüne Kugel gezogen wird. Es geht nur darum, ob die gezogene Kugel rot ist oder eben nicht. Deshalb können jene beiden Äste zu einem $\overline{r}$-Ast zusammengelegt werden. Hierdurch wird das Baumdiagramm kleiner.

$$E = \left\{\left(r\overline{r}\overline{r}\right); \left(\overline{r}r\overline{r}\right); \left(\overline{r}\overline{r}r\right)\right\}$$

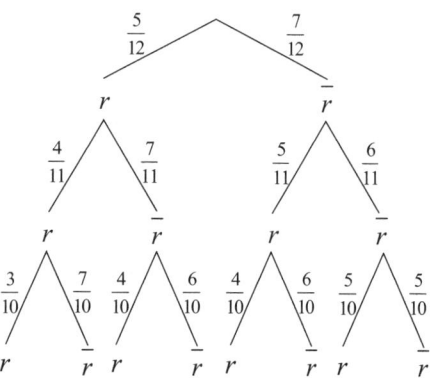

$$P(E) = P\left(r\overline{r}\overline{r}\right) + P\left(\overline{r}r\overline{r}\right) + P\left(\overline{r}\overline{r}r\right)$$

$$= \frac{5}{12} \cdot \frac{7}{11} \cdot \frac{6}{10} + \frac{7}{12} \cdot \frac{5}{11} \cdot \frac{6}{10} + \frac{7}{12} \cdot \frac{6}{11} \cdot \frac{5}{10}$$

$$= 3 \cdot \left(\frac{5}{12} \cdot \frac{7}{11} \cdot \frac{6}{10}\right)$$

$$= \frac{21}{44} \approx 0,477 = 47,7\,\%$$

- **Aufgabentyp 5** (*„Wie oft muss man mindestens …?"*)

In einer Urne befinden sich 5 rote und 7 blaue Kugeln. Entnommene Kugeln werden stets wieder zurückgelegt.

Wie oft muss man mindestens ziehen, damit die Wahrscheinlichkeit, mindestens eine rote Kugel zu ziehen, größer als 90 % ist?

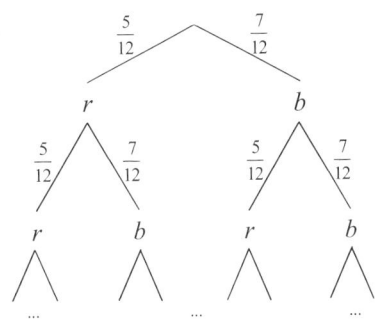

(unbekannte Anzahl an Stufen)

$$E = \{(rr...r);(rr...b);(rb...r);...(\textbf{viele} \text{ weitere})\}$$

Idee : Nur ein Pfad am Baumdiagramm gehört nicht zum Ereignis. Das **Gegenereignis** ($\overline{E}$: *Gar keine rote Kugel*) beinhaltet damit nur ein einziges Ergebnis: $\overline{E} = \{(bb...b)\}$.

$P(\text{mind. ein Mal } r) > 0,9$ (Aufgabenstellung abschreiben)

$1 - P(\text{kein Mal } r) > 0,9$ (Vorgehen über Gegenereignis)

$1 - P(bb...b) > 0,9$

$1 - \left(\dfrac{7}{12}\right)^n > 0,9$ $|-1$

$-\left(\dfrac{7}{12}\right)^n > -0,1$ $|\cdot(-1)$ (Mult. mit neg. Zahl: $> \rightarrow <$)

$\left(\dfrac{7}{12}\right)^n < 0,1$ $|\ln$ (ln( ), da Exponentialgleichung)

$\ln\left(\left(\dfrac{7}{12}\right)^n\right) < \ln(0,1)$

$n \cdot \ln\left(\left(\dfrac{7}{12}\right)\right) < \ln(0,1)$ (Regel: $\ln(a^b) = b \cdot \ln(a)$)

$n \cdot (-0,539) < -2,303$ $|:(-0,539)$ (Division durch neg. Zahl: $< \rightarrow >$)

$n > 4,273$

A : Mindestens 5-mal ziehen!   (Immer Aufrunden!)

2. Zufallsvariable und Erwartungswert

Erklärende Beispiele

Beispiel 1

Ein Basketballspieler trifft erfahrungsgemäß einen Freiwurf mit einer Wahrscheinlichkeit von 80 %. Er wirft eine Folge aus 2 Würfen.

Die Zufallsvariable **X** gibt die **Anzahl der Treffer bei einer Folge** an.

a) Erstellen Sie für diese Zufallsvariable eine Wahrscheinlichkeitsverteilung.
b) Der Basketballspieler wirft viele Folgen nacheinander. Wie viele Treffer sind im Durchschnitt pro Folge zu erwarten?

Lösung

a) Baumdiagramm

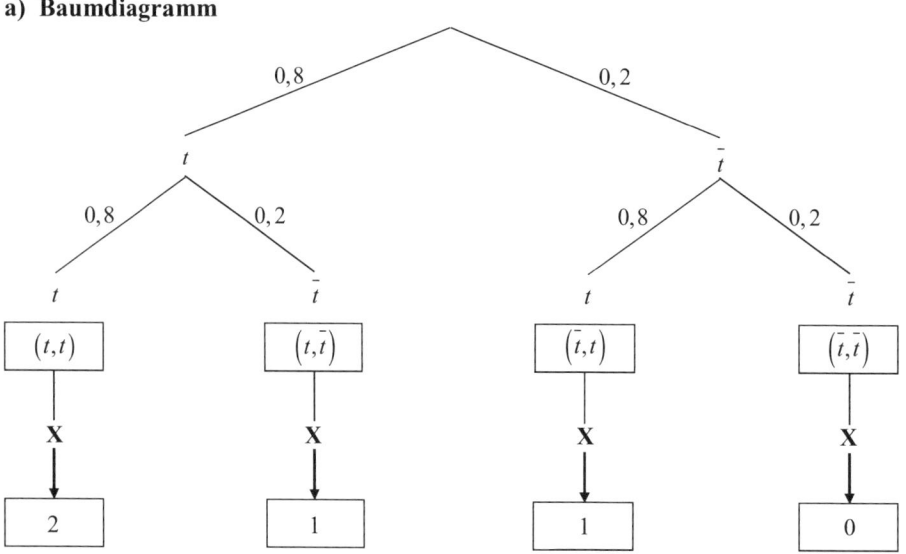

Hinweise

• Die Zufallsvariable X ordnet jedem Ergebnis eine Zahl (hier: Anzahl der Treffer) zu.
• Der Begriff „Zufallsvariable" ist leider etwas irreführend, da es sich hierbei nicht um eine Variable im bisherigen Sinn, sondern um eine Funktion handelt.

Wahrscheinlichkeitsverteilung der Zufallsvariablen

Zugehörige Ergebnisse	(t,t)	$(t,\bar{t});(\bar{t},t)$	$(\bar{t},\bar{t})$
x_i $\left(\begin{array}{c}\text{Mögliche Werte}\\ \text{der Zufallsvariablen X}\end{array}\right)$	**2**	**1**	**0**
$P(X = x_i)$ $\left(\begin{array}{c}\text{Wahrscheinlichkeiten zu den}\\ \text{Werten der Zufallsvariablen}\end{array}\right)$	$0,8 \cdot 0,8$ $= \mathbf{0,64}$	$0,8 \cdot 0,2 + 0,2 \cdot 0,8$ $= \mathbf{0,32}$	$0,2 \cdot 0,2 = \mathbf{0,04}$ (oder: $1 - 0,64 - 0,32$)

b) Erwartungswert der Zufallsvariablen

Allgemein : $E(X) = x_1 \cdot P(X = x_1) + x_2 \cdot P(X = x_2) + ... + x_n \cdot P(X = x_n)$

Im Beispiel: $E(X) = 2 \cdot 0,64 + 1 \cdot 0,32 (+0 \cdot 0,04) = 1,6$

Interpretation

Der Basketballspieler kann durchschnittlich 1,6 Treffer pro Folge erwarten.

Bemerkung

Es wird deutlich, dass die konkrete Berechnung des Erwartungswertes recht einfach ist. Der anspruchsvollere Teilschritt stellt hingegen die Berechnung der Wahrscheinlichkeiten für die Werte der Zufallsvariablen dar.

Beispiel 2

Ein Spieler kann gegen einen Einsatz von 4 € an folgendem Spiel teilnehmen:
Er würfelt ein Mal. Bei einer geraden Zahl erhält er 3 €. Bei einer ungeraden Zahl erhält er den doppelten Betrag der gewürfelten Augenzahl.

Ist es günstig für den Spieler, bei diesem Spiel teilzunehmen?

1. Lösungsvariante: Die **Zufallsvariable X** gibt den **Auszahlungsbetrag an den Spieler** an.

Baumdiagramm

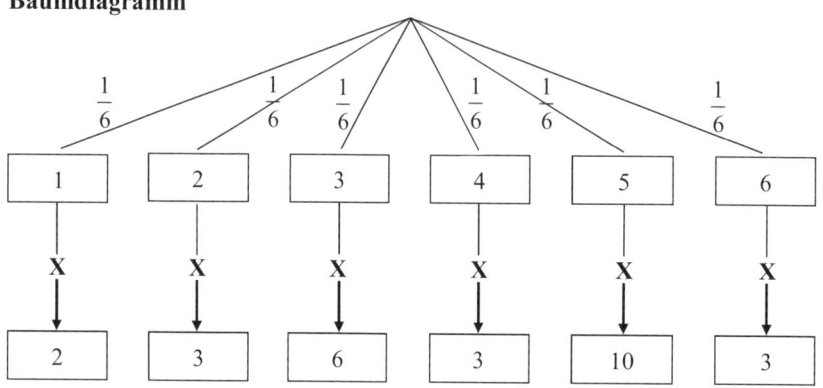

Wahrscheinlichkeitsverteilung der Zufallsvariablen

Zugehörige Ergebnisse	(2);(4);(6)	(5)	(3)	(1)
x_i	3	10	6	2
$P(X = x_i)$	$\dfrac{1}{6}+\dfrac{1}{6}+\dfrac{1}{6}=\dfrac{3}{6}$	$\dfrac{1}{6}$	$\dfrac{1}{6}$	$\dfrac{1}{6}$

Erwartungswert der Zufallsvariablen

$$E(X) = 3 \cdot \frac{3}{6} + 10 \cdot \frac{1}{6} + 6 \cdot \frac{1}{6} + 2 \cdot \frac{1}{6} = 4,5$$

Interpretation und Ergebnis

X gibt den Auszahlungsbetrag an den Spieler pro Spiel an. Somit gibt **E(X)** den zu **erwartenden Auszahlungsbetrag** pro Spiel an, den der Spieler bei vielen Spielen durchschnittlich erhalten würde.

Der Spieler erreicht hier durch seine Teilnahme einen erwarteten Auszahlungsbetrag von 4,50 € pro Spieldurchgang. Da dieser **höher als sein Einsatz** ist, ist das Spiel **günstig für den Spieler** (und ungünstig für den Anbieter).

2. Lösungsvariante: Die **Zufallsvariable X** gibt den **Gewinn des Spielers** an.

Hinweis: Gewinn = Auszahlungsbetrag – Einsatz

Wahrscheinlichkeitsverteilung der Zufallsvariablen

Zugehörige Ergebnisse	$(2);(4);(6)$	(5)	(3)	(1)
x_i	$-1\ (=3-4)$	$6\ (=10-4)$	$2\ (=6-4)$	$-2\ (=2-4)$
$P(X=x_i)$	$\dfrac{1}{6}+\dfrac{1}{6}+\dfrac{1}{6}=\dfrac{3}{6}$	$\dfrac{1}{6}$	$\dfrac{1}{6}$	$\dfrac{1}{6}$

Erwartungswert der Zufallsvariablen

$$E(X)=(-1)\cdot\frac{3}{6}+6\cdot\frac{1}{6}+2\cdot\frac{1}{6}+(-2)\cdot\frac{1}{6}=0,5$$

Interpretation und Ergebnis

X gibt den Gewinn des Spielers pro Spiel an. Somit gibt **E(X)** den zu **erwartenden Gewinn** pro Spiel an, den der Spieler bei vielen Spielen durchschnittlich erhalten würde. Der Spieler erreicht hier durch seine Teilnahme einen erwarteten Durchschnittsgewinn von 0,50 € pro Spieldurchgang. Da dieser **positiv** ist, ist das Spiel **günstig für den Spieler** (und ungünstig für den Anbieter).

Übersicht

X: **Auszahlungsbetrag** an Spieler	
E(X) > **Einsatz**	günstig für Spieler
E(X) = **Einsatz**	faires Spiel
E(X) < **Einsatz**	günstig für Anbieter

X: **Gewinn** des Spielers	
E(X) > **0**	günstig für Spieler
E(X) = **0**	faires Spiel
E(X) < **0**	günstig für Anbieter

3. Binomialverteilung

3.1 Bernoulli-Formel

Zugrunde liegt ein mehrfach ausgeführtes Bernoulli-Experiment, bei dem …

… nur **zwei mögliche Ergebnisse** („Treffer" und „Niete") eintreten können
und

… sich die **Wahrscheinlichkeiten nicht ändern** („Ziehen **mit** Zurücklegen")

Beispiele: Münzwurf („Kopf" oder „Zahl"); Mehrfach würfeln („6" oder „keine 6"); …

Bernoulliformel (allg.)

$$P(X = k) = \binom{n}{k} \cdot p^k \cdot (1-p)^{n-k}$$

n : Anzahl der Versuche (Durchführungen)
k : Anzahl der „Treffer"
p : Wahrscheinlichkeit für einen „Treffer"

Bernoulliformel (in Worten)

$$P(X = \text{Anz. Treffer}) = \binom{\text{Anz. Versuche}}{\text{Anz. Treffer}} \cdot \text{Trefferwahrsch.}^{\text{Anz. Treffer}} \cdot \text{Nietenwahrsch.}^{\text{Anz. Nieten}}$$

Beispiel 1

Ein Basketballspieler trifft (t) erfahrungsgemäß
einen Freiwurf mit einer Wahrscheinlichkeit
von 75 %. Er wirft 8 Mal.
Mit welcher Wahrscheinlichkeit trifft er
insgesamt 5 Mal (und 3 Mal nicht)?

$$P(X = 5) = \binom{8}{5} \cdot 0,75^5 \cdot 0,25^3 \approx 0,2076$$

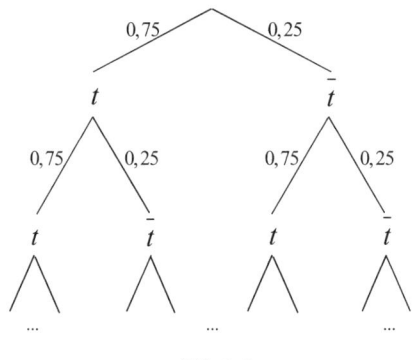

(8 Stufen)
(alle Pfade mit 5 Mal t und 3 Mal $\bar{t}$ relevant)

Erläuterungen

- Binomialkoeffizient (allg.): $\binom{n}{k} = \dfrac{n!}{k! \cdot (n-k)!}$

- $n!$ steht für die Fakultät einer Zahl: $n! = n \cdot (n-1) \cdot \ldots \cdot 1$

- $P(X = 5) = \binom{8}{5} \cdot 0,75^5 \cdot 0,25^3 = \dfrac{8!}{5! \cdot (8-5)!} \cdot 0,75^5 \cdot 0,25^3 = 56 \cdot 0,00371 \approx 0,2076$.

Es gibt also 56 mögliche Reihenfolgen für 5 Treffer unter 8 Schüssen ($ttttt\bar{t}\bar{t}\bar{t}$, $tttt\bar{t}t\bar{t}\bar{t}$, ...),
von welchen jede eine Einzelwahrscheinlichkeit von ungefähr $0,00371$ aufweist.

Beispiel 2

Eine faire Münze wird 5 Mal geworfen. Mit welcher Wahrscheinlichkeit erhält man genau 3 Mal „Zahl"?

$$P(X=3) = \binom{5}{3} \cdot \left(\frac{1}{2}\right)^3 \cdot \left(\frac{1}{2}\right)^2 = 10 \cdot \left(\frac{1}{2}\right)^5 = 10 \cdot \frac{1}{32} = \frac{5}{16}$$

$$\left(\text{Nebenrechnung: } \binom{5}{3} = \frac{5!}{3! \cdot (5-3)!} = \frac{5!}{3! \cdot 2!} = \frac{5 \cdot 4 \cdot 3 \cdot 2 \cdot 1}{(3 \cdot 2 \cdot 1) \cdot (2 \cdot 1)} = \frac{5 \cdot 4 \cdot \cancel{3} \cdot \cancel{2} \cdot \cancel{1}}{(\cancel{3} \cdot \cancel{2} \cdot \cancel{1}) \cdot (2 \cdot 1)} = 10 \right)$$

Beispiel 3

Ein Bauteil ist mit einer Wahrscheinlichkeit von 4 % defekt. Mit welcher Wahrscheinlichkeit befinden sich in einem Karton mit 50 Bauteilen genau 3 defekte Bauteile?

$$P(X=3) = \binom{50}{3} \cdot 0,04^3 \cdot 0,96^{47} (\approx 19600 \cdot 0,000009396) \approx 0,184 = 18,4\%$$

(Es gibt also 19600 mögliche Reihenfolgen für 3 defekte unter 50 (nacheinander entnommenen) Bauteilen.)

Beispiel 4

Jonas würfelt 24 Mal.

a) Mit welcher Wahrscheinlichkeit erhält er genau 7 Mal eine 3?

$$P(X=7) = \binom{24}{7} \cdot \left(\frac{1}{6}\right)^7 \cdot \left(\frac{5}{6}\right)^{17} \approx 0,056$$

b) Mit welcher Wahrscheinlichkeit erhält er genau 10 Mal eine 2 oder eine 3?

$$\left(\text{Wahrscheinlichkeit für 2 oder 3: } \frac{2}{6} \right)$$

$$P(X=10) = \binom{24}{10} \cdot \left(\frac{2}{6}\right)^{10} \cdot \left(\frac{4}{6}\right)^{14} \approx 0,114$$

3.2 Binomialverteilung und kumulierte Binomialverteilung

Beispiel: Ein Basketballspieler trifft erfahrungsgemäß einen Freiwurf mit einer Wahrscheinlichkeit von 75 %. Er wirft 8 Mal. Die Zufallsvariable X gibt die Anzahl der Treffer an.

Die Wahrscheinlichkeit, dass X einen bestimmten Wert annimmt, kann mit Hilfe der Bernoulliformel (mit $n = 8$ und $p = 0,75$) berechnet werden.
Somit ist die Zufallsvariable X binomial verteilt.

1. Die Binomialverteilung P(X = *k*)

gibt für jeden möglichen Wert der Zufallsvariablen die **zugehörige Wahrscheinlichkeit** an.

Beispiel:

$$P(X = 4) = \binom{8}{4} \cdot 0,75^4 \cdot 0,25^4 \approx 0,0865$$

Die Wahrscheinlichkeit für 4 Treffer beträgt ca. 8,65 %.

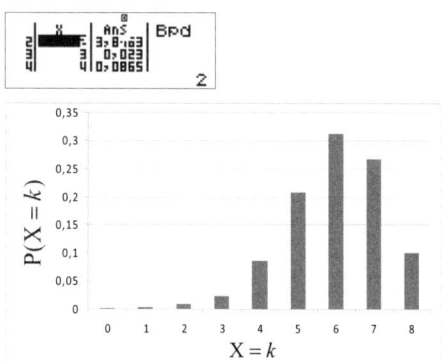

2. Die kumulierte (aufsummierte) Binomialverteilung P(X ≤ *k*)

gibt für jeden möglichen Wert der Zufallsvariablen die **Wahrscheinlichkeit** an, dass **dieser oder ein geringeren Wert als dieser** angenommen wird.

Beispiel:
$$P(X \leq 4) = P(X = 0) + P(X = 1) + ... + P(X = 4)$$
$$\approx 0,1138$$
Die Wahrscheinlichkeit für 0 bis 4 Treffer beträgt ca. 11,38 %.

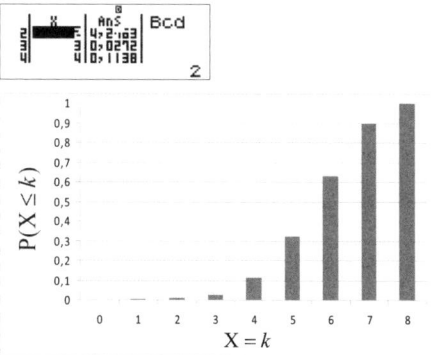

Weiteres Beispiel

Binomialverteilte Zufallsvariable mit $p = 0,5$ und $n = 50$.

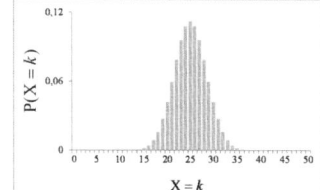
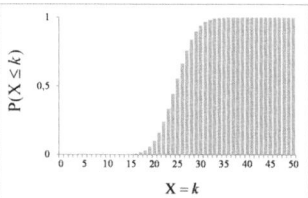

3.3 Erwartungswert und Standardabweichung

Formeln

- **Erwartungswert**
$$E(X) = n \cdot p \quad (= \mu)$$

- **Standardabweichung**
$$\sigma = \sqrt{n \cdot p \cdot (1 - p)}$$

n : Anzahl der Versuche (Durchführungen)

p : Wahrscheinlichkeit für einen „Treffer"

(μ : Andere Abkürzung für den Erwartungswert)

Am Beispiel

Ein Basketballspieler trifft erfahrungsgemäß einen Freiwurf mit einer Wahrscheinlichkeit von 75 %. Er wirft 8 Mal. Die Zufallsvariable X gibt die Anzahl der Treffer an.

- **Erwartungswert :** $E(X) = 8 \cdot 0,75 = 6 \quad (= \mu)$

Interpretation : Der Spieler kann durchschnittlich 6 Treffer bei 8 Würfen erwarten.

Grafische Betrachtung

„In der Nähe des Erwartungswertes" befinden sich die Werte von X mit den höchsten Wahrscheinlichkeiten.
„Fällt" der Erwartungswert (wie hier) direkt auf einen Wert von X, so liegt an diesem stets die höchste Wahrscheinlichkeit vor.

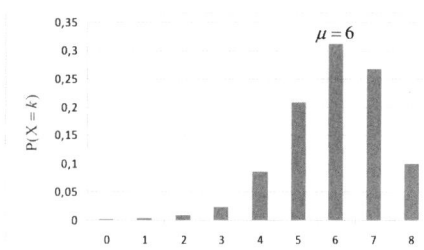

- **Standardabweichung :** $\sigma = \sqrt{8 \cdot 0,75 \cdot 0,25} \approx 1,22$

Interpretation : Die Standardabweichung ist ein Maß dafür, wie stark die Werte der Zufallsvariablen um den Erwartungswert streuen, d.h. ob man mit hoher Wahrscheinlichkeit stets einen Wert „in der Nähe des Erwartungswertes" erhält (geringe Standardabw.), oder ob auch Werte „weit ab vom Erwartungswert" wahrscheinlich sind (hohe Standardabw.).

Grafische Betrachtung

Ein höherer Wert der Standardabweichung führt zu einer „breiteren" Verteilung.

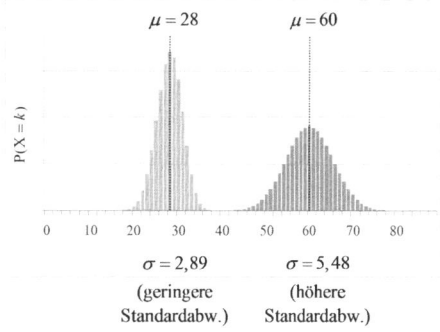

3.4 Aufgabentypen zur Binomialverteilung

Aufgabentypen	**Beispiel 1:** Eine faire Münze wird 8 Mal geworfen. $(n = 8; \; p = 0,5)$ Wie groß ist die Wahrscheinlichkeit für ...

1. „genau k Treffer" $P(X = k)$	a) ... genau 3 Mal „Zahl"? $P(X = 3) \approx 0,2188$

2. „höchstens k Treffer" $P(X \leq k)$	b) ... höchstens 3 Mal „Zahl"? $P(X \leq 3) \approx 0,3633$

3. „mindestens k Treffer" $P(X \geq k) = 1 - P(X \leq k-1)$	c) ... mindestens 3 Mal „Zahl"? $P(X \geq 3) = 1 - P(X \leq 2) \approx 1 - 0,1445 \approx 0,8555$ $\downarrow$ (Gegenereignis: „Höchstens 2 Mal Zahl")

4. „mindestens k und höchstens" h Treffer" $P(k \leq X \leq h)$ $= P(X \leq h) - P(X \leq k-1)$	d) ... mindestens 2 Mal und höchstens 5 Mal „Zahl"? $P(2 \leq X \leq 5) = P(X \leq 5) - P(X \leq 1)$ $\approx 0,8555 - 0,0352 \approx 0,8203$

1. Aufgabentyp mit Binomialverteilung $P(X = k)$

2., 3. und **4. Aufgabentyp** mit kumulierter Binomialverteilung $P(X \leq k)$

Beispiel 2: Erfahrungsgemäß sind 12 % der produzierten Smartphones eines Herstellers defekt. Ein Kunde erhält ein Paket mit 20 Smartphones des Herstellers.

a) Berechnen Sie jeweils die Wahrscheinlichkeit für die Anzahl an defekten Smartphones.

Anzahl	Aufgabentyp	Lösung
Genau 3	1	$P(X = 3) \approx 0,2242$
Höchstens 4	2	$P(X \leq 4) \approx 0,9173$
5 oder 6	1	$P(X = 5) + P(X = 6) \approx 0,0567 + 0,0193 = 0,076$
Mindestens 6	3	$P(X \geq 6) = 1 - P(X \leq 5) \approx 1 - 0,974 \approx 0,026$
Mehr als 5	3	$P(X > 5) = 1 - P(X \leq 5) \approx 1 - 0,974 \approx 0,026$
Weniger als 8	2	$P(X < 8) = P(X \leq 7) \approx 0,9986$
Mindestens 4, höchstens 8.	4	$P(4 \leq X \leq 8) = P(X \leq 8) - P(X \leq 3)$ $\approx 0,9998 - 0,7873 \approx 0,2125$
Mehr als 2, aber weniger als 6	4	$P(2 < X < 6) = P(X \leq 5) - P(X \leq 2)$ $\approx 0,974 - 0,5631 \approx 0,4109$

b) Wie viele Smartphones müsste der Kunde mindestens überprüfen, um mit einer Wahrscheinlichkeit von mehr als 95 % mindestens ein defektes zu erhalten?

$$P(\text{mind. ein defektes}) > 0,95 \qquad \text{(Aufgabenstellung abschreiben)}$$
$$1 - P(\text{kein defektes}) > 0,95 \qquad \text{(Vorgehen über Gegenereignis)}$$
$$1 - P(\text{alle intakt}) > 0,95$$
$$1 - 0,88^n > 0,95 \qquad | -1$$
$$-0,88^n > -0,05 \qquad | \cdot (-1) \qquad \text{(Mult. mit neg. Zahl: } > \rightarrow <)$$
$$0,88^n < 0,05 \qquad | \ln \qquad \text{(ln, da Exponentialgleichung)}$$
$$\ln(0,88^n) < \ln(0,05)$$
$$n \cdot \ln(0,88) < \ln(0,05) \qquad \text{(Regel: } \ln(a^b) = b \cdot \ln(a))$$
$$n \cdot (-0,128) < -2,996 \qquad |:(-0,128) \qquad \text{(Division durch neg. Zahl: } < \rightarrow >)$$
$$n > 23,43$$

A : Mindestens 24 überprüfen! \qquad (Immer Aufrunden!)

III. Grundlagen Vektorgeometrie

1. Vorwissen

1.1 Punkte (im $\mathbb{R}^3$)

Beispiel: $A(4\,|\,3\,|\,5)$

Vom **Ursprung** geht man
4 Einheiten nach vorne, 3 nach
rechts und 5 Einheiten nach oben.

$B(-3\,|\,2\,|\,-0{,}5)$; $C(0\,|\,-2\,|\,0)$

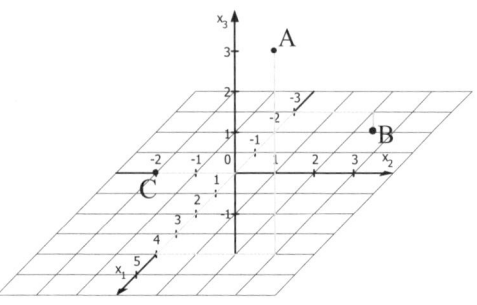

1.2 Vektoren (im $\mathbb{R}^3$)

Beispiel: $\vec{u} = \begin{pmatrix} 3 \\ 0 \\ -3 \end{pmatrix}$

Von einem beliebigen
Anfangspunkt geht man
3 Einheiten nach vorne und
3 Einheiten nach unten.

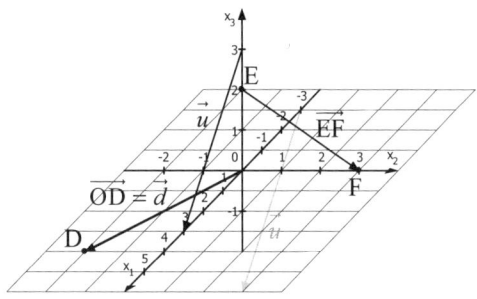

Bemerkungen

• **Ortsvektor** eines Punktes: Zeigt vom Ursprung auf den Punkt (also auf einen „Ort").

Beispiel: $D(4\,|\,-2\,|\,0)$ und $\overrightarrow{OD} = \vec{d} = \begin{pmatrix} 4 \\ -2 \\ 0 \end{pmatrix}$.

• **Verbindungsvektor** zwischen 2 Punkten:

Beispiel: $E(0\,|\,0\,|\,2)$ und $F(0\,|\,3\,|\,0) \rightarrow \overrightarrow{EF} = \vec{f} - \vec{e} = \begin{pmatrix} 0-0 \\ 3-0 \\ 0-2 \end{pmatrix} = \begin{pmatrix} 0 \\ 3 \\ -2 \end{pmatrix}$

„Verbindungsvektor = Endpunkt – Startpunkt"

• **Spezielle Vektoren**

Nullvektor $\vec{O} = \begin{pmatrix} 0 \\ 0 \\ 0 \end{pmatrix}$; Einheitsvektoren: $\vec{e_1} = \begin{pmatrix} 1 \\ 0 \\ 0 \end{pmatrix}$; $\vec{e_2} = \begin{pmatrix} 0 \\ 1 \\ 0 \end{pmatrix}$; $\vec{e_3} = \begin{pmatrix} 0 \\ 0 \\ 1 \end{pmatrix}$

Hinweis: Das Thema **Lineare Gleichungssysteme (LGS)** befindet sich auf S. 38.

1.3 Rechnen mit Vektoren

1. Addition und Subtraktion von Vektoren

$$\vec{a} + \vec{b} = \begin{pmatrix} a_1 \\ a_2 \\ a_3 \end{pmatrix} + \begin{pmatrix} b_1 \\ b_2 \\ b_3 \end{pmatrix} = \begin{pmatrix} a_1 + b_1 \\ a_2 + b_2 \\ a_3 + b_3 \end{pmatrix}$$

$$\begin{pmatrix} 1 \\ 0 \\ -2 \end{pmatrix} + \begin{pmatrix} 3 \\ -1 \\ 2 \end{pmatrix} = \begin{pmatrix} 4 \\ -1 \\ 0 \end{pmatrix} \quad \text{(Beispiel)}$$

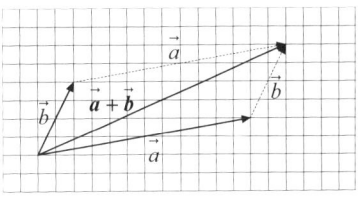

$$\vec{a} - \vec{b} = \begin{pmatrix} a_1 \\ a_2 \\ a_3 \end{pmatrix} - \begin{pmatrix} b_1 \\ b_2 \\ b_3 \end{pmatrix} = \begin{pmatrix} a_1 - b_1 \\ a_2 - b_2 \\ a_3 - b_3 \end{pmatrix}$$

$$\begin{pmatrix} 1 \\ 0 \\ -2 \end{pmatrix} - \begin{pmatrix} 3 \\ -1 \\ 2 \end{pmatrix} = \begin{pmatrix} -2 \\ 1 \\ -4 \end{pmatrix} \quad \text{(Beispiel)}$$

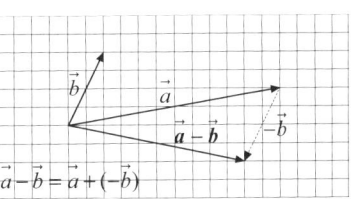

$$\vec{a} - \vec{b} = \vec{a} + (-\vec{b})$$

Hinweis: Grafisch wird bei der Subtraktion der Gegenvektor $-\vec{b}$ addiert.

2. Länge (Betrag) eines Vektors

$$\vec{a} = \begin{pmatrix} a_1 \\ a_2 \\ a_3 \end{pmatrix} \rightarrow |\vec{a}| = \sqrt{a_1^2 + a_2^2 + a_3^2};$$

Beispiel: $\vec{a} = \begin{pmatrix} 3 \\ 0 \\ -4 \end{pmatrix} \rightarrow |\vec{a}| = \sqrt{3^2 + 0^2 + (-4)^2} = \sqrt{25} = 5$ LE

3. S(kalare) – Multiplikation (Zahl · Vektor)

$$k \cdot \vec{a} = \begin{pmatrix} k \cdot a_1 \\ k \cdot a_2 \\ k \cdot a_3 \end{pmatrix} (k \in \mathbb{R}) \qquad \text{Beispiel: } 2 \cdot \begin{pmatrix} 3 \\ 0 \\ -4 \end{pmatrix} = \begin{pmatrix} 6 \\ 0 \\ -8 \end{pmatrix}$$

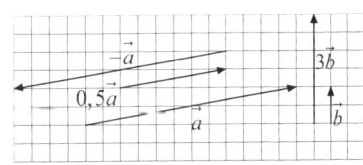

Bemerkungen

• Der Vektor $k \cdot \vec{a}$ hat die $|k|$-fache Länge von $\vec{a}$ und ist parallel zu $\vec{a}$.

• Der **Gegenvektor** $-\vec{a}$ ist parallel und besitzt die gleiche Länge wie $\vec{a}$, ist jedoch entgegengesetzt gerichtet.

Beispiel: $\vec{a} = \begin{pmatrix} -2 \\ 1 \\ 3 \end{pmatrix}$; $-\vec{a} = \begin{pmatrix} 2 \\ -1 \\ -3 \end{pmatrix}$

• Ein **Einheitsvektor** ist ein Vektor, dessen **Länge 1** ist. Teilt man einen gegebenen Vektor durch seine Länge (Betrag), erhält man den zugehörigen Einheitsvektor.

Beispiel: $\vec{a} = \begin{pmatrix} 3 \\ 0 \\ -4 \end{pmatrix}$ hat die Länge $|\vec{a}| = 5$; Einheitsvektor: $\vec{a}_0 = \dfrac{1}{|\vec{a}|} \cdot \vec{a} = \dfrac{1}{5} \cdot \begin{pmatrix} 3 \\ 0 \\ -4 \end{pmatrix} = \begin{pmatrix} 0,6 \\ 0 \\ -0,8 \end{pmatrix}$

4. Linearkombination von Vektoren

$k \cdot \vec{a} + l \cdot \vec{b}$ (mit $k, l \in \mathbb{R}$)

ist eine Summe von Vielfachen von Vektoren. Man
bildet auf diese Art „neue" Vektoren.

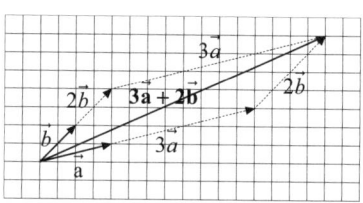

5. Lineare Abhängigkeit und Unabhängigkeit

2 Vektoren im $\mathbb{R}^2$

$\vec{a}$ und $\vec{b}$ sind **linear abhängig**	$\vec{a}$ und $\vec{b}$ sind **linear unabhängig**
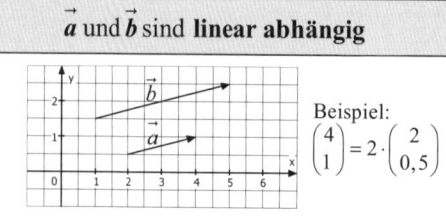 Beispiel: $\begin{pmatrix} 4 \\ 1 \end{pmatrix} = 2 \cdot \begin{pmatrix} 2 \\ 0,5 \end{pmatrix}$	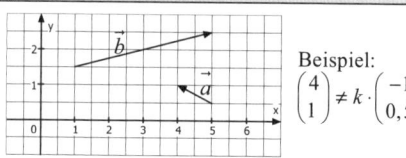 Beispiel: $\begin{pmatrix} 4 \\ 1 \end{pmatrix} \neq k \cdot \begin{pmatrix} -1 \\ 0,5 \end{pmatrix}$
Es gilt: $\vec{b} = k \cdot \vec{a}$ (mit $k \in \mathbb{R}$) Der Vektor $\vec{b}$ ist ein (skalares) **Vielfaches** des Vektors $\vec{a}$. $\vec{a}$ und $\vec{b}$ sind **parallel**.	Es gilt: $\vec{b} \neq k \cdot \vec{a}$ (mit $k \in \mathbb{R}$) $\vec{a}$ und $\vec{b}$ sind **nicht parallel**.

3 Vektoren im $\mathbb{R}^3$

$\vec{a}, \vec{b}$ und $\vec{c}$ sind **linear abhängig**	$\vec{a}, \vec{b}$ und $\vec{c}$ sind **linear unabhängig**
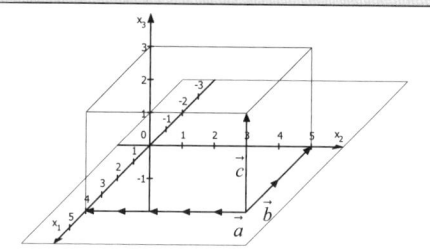 Beispiel: $\vec{c} = 5\vec{a} + 2\vec{b}$	
Es gilt: $\vec{c} = k \cdot \vec{a} + l \cdot \vec{b}$ (mit $k, l \in \mathbb{R}$) Der Vektor $\vec{c}$ lässt sich als **Linear-** **kombination** aus $\vec{a}$ und $\vec{b}$ darstellen. $\vec{a}, \vec{b}$ und $\vec{c}$ **liegen in einer Ebene**.	**Kein** Vektor lässt sich als **Linear-** **kombination** aus den beiden anderen Vektoren darstellen. $\vec{a}, \vec{b}$ und $\vec{c}$ **spannen einen Raum auf**.

Bedeutung der linearen Unabhängigkeit

• Durch eine Linearkombination aus 3 linear unabhängigen Vektoren kann jeder
beliebige Vektor im $\mathbb{R}^3$ dargestellt werden.

• 2 linear unabhängige Vektoren spannen im $\mathbb{R}^3$ eine Ebene auf.

6. Skalarprodukt (Vektor · Vektor)

Das Skalarprodukt zweier Vektoren **ergibt eine reelle Zahl**.

$$\begin{pmatrix} a_1 \\ a_2 \\ a_3 \end{pmatrix} \cdot \begin{pmatrix} b_1 \\ b_2 \\ b_3 \end{pmatrix} = a_1 \cdot b_1 + a_2 \cdot b_2 + a_3 \cdot b_3 \quad \text{Beispiel:} \quad \begin{pmatrix} 2 \\ 0 \\ -1 \end{pmatrix} \cdot \begin{pmatrix} 4 \\ -2 \\ 3 \end{pmatrix} = 2 \cdot 4 + 0 \cdot (-2) + (-1) \cdot 3 = 5$$

Das Skalarprodukt wird vor allem dazu verwendet, um zu
untersuchen, ob zwei Vektoren **senkrecht (orthogonal)** aufeinander
stehen. In diesem Fall ergibt ihr **Skalarprodukt 0**.

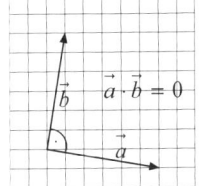

Beispiel: $\vec{a} \cdot \vec{b} = \begin{pmatrix} 1 \\ 1 \\ -4 \end{pmatrix} \cdot \begin{pmatrix} -1 \\ 9 \\ 2 \end{pmatrix} = 1 \cdot (-1) + 1 \cdot 9 + (-4) \cdot 2 = 0$

Somit stehen $\vec{a}$ und $\vec{b}$ senkrecht aufeinander.

7. Vektorprodukt bzw. Kreuzprodukt (Vektor × Vektor)

Das Vektorprodukt zweier Vektoren **ergibt einen Vektor**, der auf
beiden Vektoren senkrecht steht.

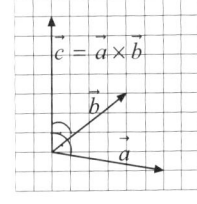

(Hilfsschema)

$$\vec{c} = \vec{a} \times \vec{b} = \begin{pmatrix} a_1 \\ a_2 \\ a_3 \end{pmatrix} \times \begin{pmatrix} b_1 \\ b_2 \\ b_3 \end{pmatrix} = \begin{pmatrix} a_2 \cdot b_3 - a_3 \cdot b_2 \\ a_3 \cdot b_1 - a_1 \cdot b_3 \\ a_1 \cdot b_2 - a_2 \cdot b_1 \end{pmatrix}$$

Beispiel:

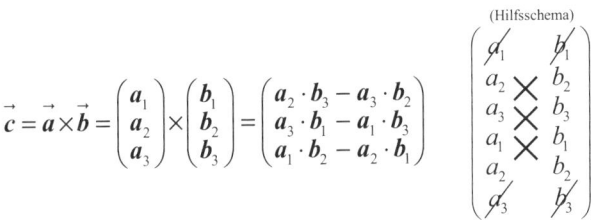

$$\vec{c} = \begin{pmatrix} 2 \\ -1 \\ 3 \end{pmatrix} \times \begin{pmatrix} -3 \\ 2 \\ 0 \end{pmatrix} = \begin{pmatrix} (-1) \cdot 0 - 3 \cdot 2 \\ 3 \cdot (-3) - 2 \cdot 0 \\ 2 \cdot 2 - (-1) \cdot (-3) \end{pmatrix} = \begin{pmatrix} -6 \\ -9 \\ 1 \end{pmatrix}$$

Anwendung des Vektorproduktes
Das Vektorprodukt kann auch zur Flächen- und Volumenberechnungen verwendet werden
(S. 134).

2. Geraden

2.1 Geradengleichungen in Parameterform

Die Punkt-Richtungs-Form:

$$g: \vec{x} = \vec{p} + r \cdot \vec{u} \quad (\text{mit } r \in \mathbb{R})$$

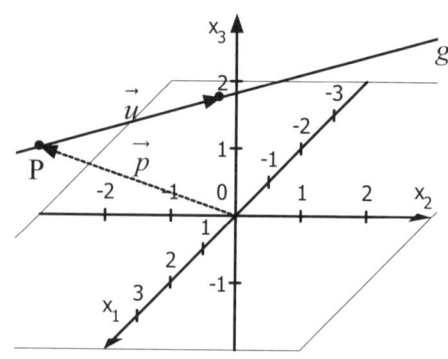

- $\vec{p}$: Stützvektor (Ortsvektor des Stützpunktes P)

- $\vec{u}$: Richtungsvektor

- r: Parameter (mit $r \in \mathbb{R}$)

Beispiel: $g: \vec{x} = \begin{pmatrix} 2 \\ -2 \\ 2 \end{pmatrix} + r \cdot \begin{pmatrix} -0,5 \\ 2,5 \\ 0,5 \end{pmatrix}$ (mit $r \in \mathbb{R}$)

Spezielle Geraden : z.B. x_1-Achse: $\vec{x} = \begin{pmatrix} 0 \\ 0 \\ 0 \end{pmatrix} + r \cdot \begin{pmatrix} 1 \\ 0 \\ 0 \end{pmatrix}$; x_3-Achse: $\vec{x} = \begin{pmatrix} 0 \\ 0 \\ 0 \end{pmatrix} + r \cdot \begin{pmatrix} 0 \\ 0 \\ 1 \end{pmatrix}$

Elementare Aufgabenstellungen

- **Geradenpunkte ermitteln**

Beispiel: Bestimmung eines Punktes auf $g: \vec{x} = \begin{pmatrix} 2 \\ -2 \\ 2 \end{pmatrix} + r \cdot \begin{pmatrix} -0,5 \\ 2,5 \\ 0,5 \end{pmatrix}$ (mit $r \in \mathbb{R}$).

Einsetzen eines beliebigen Wertes für r (z.B. $r = 2$):

$$\overrightarrow{OD} = \begin{pmatrix} 2 \\ -2 \\ 2 \end{pmatrix} + 2 \cdot \begin{pmatrix} -0,5 \\ 2,5 \\ 0,5 \end{pmatrix} = \begin{pmatrix} 1 \\ 3 \\ 3 \end{pmatrix} \rightarrow D(1|3|3).$$

- **Überprüfen, ob ein Punkt auf einer Geraden liegt (Punktprobe)**

Beispiel: Liegt $Q(0|8|4)$ auf der Geraden $g: \vec{x} = \begin{pmatrix} 2 \\ -2 \\ 2 \end{pmatrix} + r \cdot \begin{pmatrix} -0,5 \\ 2,5 \\ 0,5 \end{pmatrix}$ (mit $r \in \mathbb{R}$)?

Der Ortsvektor von Q wird für $\vec{x}$ eingesetzt, man erhält ein LGS.

$$\begin{pmatrix} 0 \\ 8 \\ 4 \end{pmatrix} = \begin{pmatrix} 2 \\ -2 \\ 2 \end{pmatrix} + r \cdot \begin{pmatrix} -0,5 \\ 2,5 \\ 0,5 \end{pmatrix} \Leftrightarrow \begin{matrix} 0 = 2 - 0,5r & \Leftrightarrow & r = 4 \\ 8 = -2 + 2,5r & \Leftrightarrow & r = 4 \\ 4 = 2 + 0,5r & \Leftrightarrow & r = 4 \end{matrix}$$

LGS ist eindeutig lösbar, somit liegt Q auf der Geraden.
(Bei verschiedenen Ergebnissen für r (Widerspruch) liegt der Punkt nicht auf der Geraden.)

- **Aufstellen einer Geradengleichung aus zwei Punkten**

Zwei-Punkte-Form:

$$g: \vec{x} = \overrightarrow{OA} + r \cdot \overrightarrow{AB} \quad (\text{mit } r \in \mathbb{R})$$

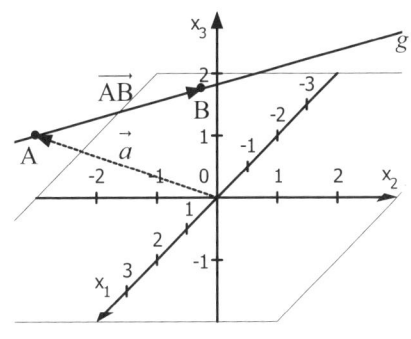

- $\overrightarrow{OA} = \vec{a}$, der Ortsvektor des Punktes A, wird als Stützvektor verwendet

- $\overrightarrow{AB} = \vec{b} - \vec{a}$, der Verbindungsvektor der Punkte A und B, bildet den Richtungsvektor

- r : Parameter (mit $r \in \mathbb{R}$)

Beispiel: Gerade durch $A(2\,|-2\,|\,2)$ und $B(1,5\,|\,0,5\,|\,2,5)$.

$$g: \vec{x} = \begin{pmatrix} 2 \\ -2 \\ 2 \end{pmatrix} + r \cdot \begin{pmatrix} 1,5-2 \\ 0,5-(-2) \\ 2,5-2 \end{pmatrix} \Leftrightarrow g: \vec{x} = \begin{pmatrix} 2 \\ -2 \\ 2 \end{pmatrix} + r \cdot \begin{pmatrix} -0,5 \\ 2,5 \\ 0,5 \end{pmatrix} \quad (\text{mit } r \in \mathbb{R})$$

Hinweis : Die Gleichung einer Geraden ist nicht eindeutig. Durch „Vertauschen" der Punkte erhält man eine „zahlenmäßig andere" Gleichung (derselben Geraden):

$$g: \vec{x} = \begin{pmatrix} 1,5 \\ 0,5 \\ 2,5 \end{pmatrix} + r \cdot \begin{pmatrix} 0,5 \\ -2,5 \\ -0,5 \end{pmatrix} \quad (\text{mit } r \in \mathbb{R})$$

- **Spurpunkte ermitteln (Schnittpunkte einer Geraden mit den Koordinatenebenen)**

Beispiel: Berechnen des Schnittpunktes von $g: \vec{x} = \begin{pmatrix} 3 \\ -2 \\ 0 \end{pmatrix} + r \cdot \begin{pmatrix} -3 \\ 4 \\ 3 \end{pmatrix}$ mit der $x_2 x_3$-Ebene.

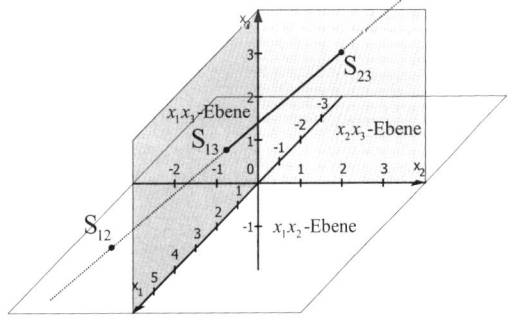

Da der gesuchte Schnittpunkt in der $x_2 x_3$-Ebene liegt, hat seine x_1-Koordinate den Wert 0
$S_{x_2 x_3}(0|...|...)$.
Dies wird in die Geradengleichung für x_1 eingesetzt: $0 = 3 - 3r \rightarrow r = 1$.
Nun wird $r = 1$ eingesetzt:

$$\vec{x} = \begin{pmatrix} 3 \\ -2 \\ 0 \end{pmatrix} + 1 \cdot \begin{pmatrix} -3 \\ 4 \\ 3 \end{pmatrix} = \begin{pmatrix} 0 \\ 2 \\ 3 \end{pmatrix} \Rightarrow S_{23}(0|2|3)$$

Beachten Sie: Für den Schnittpunkt mit der $\begin{cases} x_1 x_2\text{-Ebene} \\ x_1 x_3\text{-Ebene} \\ x_2 x_3\text{-Ebene} \end{cases}$ wird $\begin{cases} x_3 = 0 \\ x_2 = 0 \\ x_1 = 0 \end{cases}$ gesetzt.

2.2 Gegenseitige Lage von Geraden

Beispiel 1

$$g: \vec{x} = \begin{pmatrix} 1 \\ -5 \\ 5 \end{pmatrix} + r \cdot \begin{pmatrix} 2 \\ 1 \\ 1 \end{pmatrix} \text{ und } h: \vec{x} = \begin{pmatrix} 3 \\ 1 \\ 9 \end{pmatrix} + s \cdot \begin{pmatrix} 1 \\ 3 \\ 2 \end{pmatrix}$$

Beispiel 2

$$g: \vec{x} = \begin{pmatrix} 1 \\ 2 \\ 0 \end{pmatrix} + r \cdot \begin{pmatrix} 1 \\ 2 \\ 1 \end{pmatrix} \text{ und } h: \vec{x} = \begin{pmatrix} 2 \\ 2 \\ 2 \end{pmatrix} + s \cdot \begin{pmatrix} 4 \\ 8 \\ 4 \end{pmatrix}$$

Vorgehen

Schritt 1: Gleichsetzen.

$$\begin{pmatrix} 1 \\ -5 \\ 5 \end{pmatrix} + r \cdot \begin{pmatrix} 2 \\ 1 \\ 1 \end{pmatrix} = \begin{pmatrix} 3 \\ 1 \\ 9 \end{pmatrix} + s \cdot \begin{pmatrix} 1 \\ 3 \\ 2 \end{pmatrix}$$

$$\begin{pmatrix} 1 \\ 2 \\ 0 \end{pmatrix} + r \cdot \begin{pmatrix} 1 \\ 2 \\ 1 \end{pmatrix} = \begin{pmatrix} 2 \\ 2 \\ 2 \end{pmatrix} + s \cdot \begin{pmatrix} 4 \\ 8 \\ 4 \end{pmatrix}$$

Schritt 2: LGS in r und s ordnen.

$1 + 2r = 3 + s$		$2r - s = 2$ (1)
$-5 + r = 1 + 3s$	$\Leftrightarrow$	$r - 3s = 6$ (2)
$5 + r = 9 + 2s$		$r - 2s = 4$ (3)

$1 + r = 2 + 4s$		$r - 4s = 1$ (1)
$2 + 2r = 2 + 8s$	$\Leftrightarrow$	$2r - 8s = 0$ (2)
$0 + r = 2 + 4s$		$r - 4s = 2$ (3)

Schritt 3: LGS aus zwei (beliebig) ausgewählten Gleichungen mit dem Gauß-Verfahren lösen. Mit der Lösung dann eine Probe in der verbliebenen Gleichung durchführen.

LGS aus den Gleichungen (2) und (3):

$$\begin{pmatrix} 1 & -3 & | & 6 \\ 1 & -2 & | & 4 \end{pmatrix} \quad \lrcorner -$$

$$\begin{pmatrix} 1 & -3 & | & 6 \\ 0 & -1 & | & 2 \end{pmatrix}$$

Man erhält $s = -2$.

Einsetzen: $r - 3 \cdot (-2) = 6 \Leftrightarrow r = 0$.

Probe in (1): $2 \cdot 0 - (-2) = 2 \Leftrightarrow 2 = 2$

Das LGS hat also eine **eindeutige Lösung**.

LGS aus den Gleichungen (1) und (3):

$$\begin{pmatrix} 1 & -4 & | & 1 \\ 1 & -4 & | & 2 \end{pmatrix} \quad \lrcorner -$$

$$\begin{pmatrix} 1 & -3 & | & 6 \\ 0 & 0 & | & -1 \end{pmatrix}$$

$(0 = -1 \text{ Widerspruch})$

Das LGS hat also **keine Lösung**.

Schritt 4: Interpretation anhand der nachfolgenden **Übersicht**.

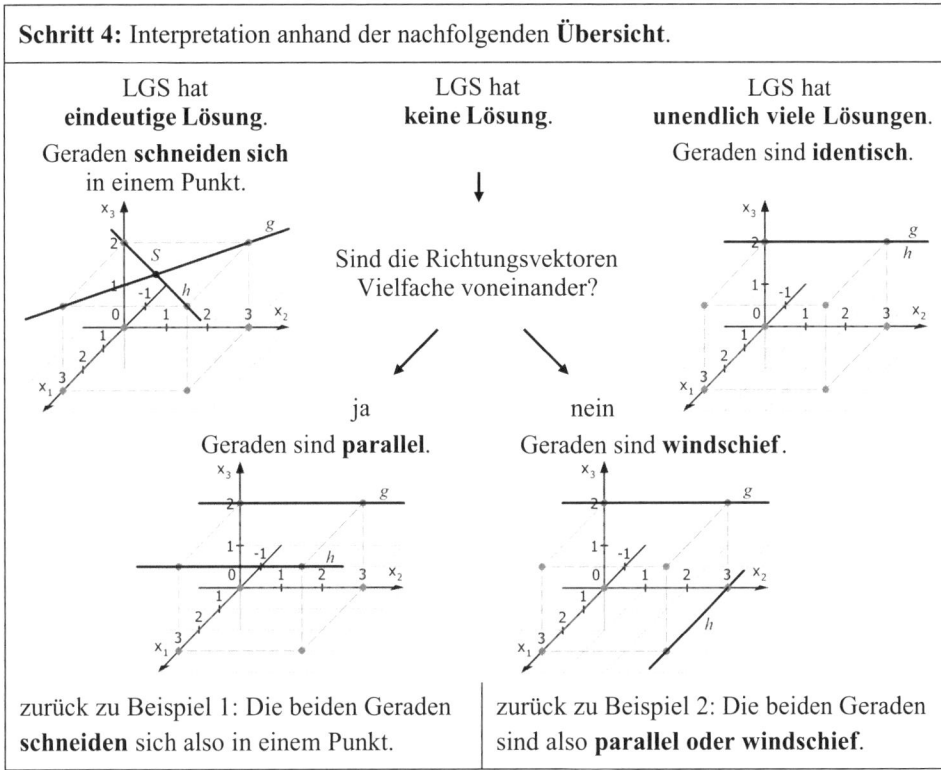

LGS hat **eindeutige Lösung**. Geraden **schneiden sich** in einem Punkt.	LGS hat **keine Lösung**.	LGS hat **unendlich viele Lösungen**. Geraden sind **identisch**.

Sind die Richtungsvektoren Vielfache voneinander?

ja — Geraden sind **parallel**.

nein — Geraden sind **windschief**.

zurück zu Beispiel 1: Die beiden Geraden **schneiden** sich also in einem Punkt.	zurück zu Beispiel 2: Die beiden Geraden sind also **parallel oder windschief**.

Eventuell Schritt 5: Ergebnisabhängige weitere Berechnungen.

| Berechnung der Koordinaten des **Schnittpunktes** durch Einsetzen von $r = 0$ in g (oder $s = -2$ in h): $$\overrightarrow{OS} = \begin{pmatrix} 1 \\ -5 \\ 5 \end{pmatrix} + 0 \cdot \begin{pmatrix} 2 \\ 1 \\ 1 \end{pmatrix} = \begin{pmatrix} 1 \\ -5 \\ 5 \end{pmatrix} \rightarrow S(1\,|-5\,|\,5)$$ | Es gilt: $\begin{pmatrix} 4 \\ 8 \\ 4 \end{pmatrix} = 4 \cdot \begin{pmatrix} 1 \\ 2 \\ 1 \end{pmatrix}$ Die beiden Richtungsvektoren sind (skalare) **Vielfache** voneinander. Somit liegen die Geraden **parallel** zueinander. |

„Abkürzung"

Wird gleich zu Beginn erkannt, dass die **Richtungsvektoren Vielfache** voneinander sind (Beispiel 2), so sind die Geraden entweder **parallel** oder **identisch**.

Befindet sich der Stützpunkt der einen Geraden auf der anderen Geraden (**Punktprobe** mit Stützvektor), so sind die Geraden identisch. Ansonsten sind sie parallel.

111

3. Ebenen

3.1 Ebenengleichungen in Parameterform

Die Punkt-Richtungs-Form:

$$E: \vec{x} = \vec{p} + r \cdot \vec{u} + s \cdot \vec{v} \quad (\text{mit } r, s \in \mathbb{R})$$

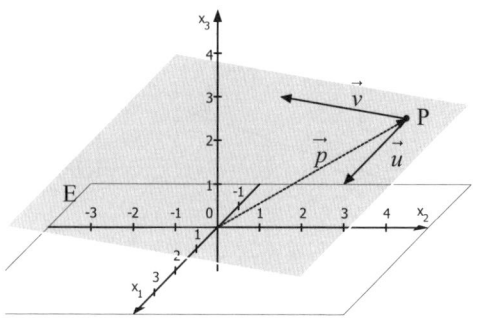

- $\vec{p}$: Stützvektor (Ortsvektor des Stützpunktes P)

- $\vec{u}$, $\vec{v}$: Spannvektoren (keine Vielfachen voneinander)

- r, s: Parameter (mit $r, s \in \mathbb{R}$)

Beispiel: $E: \vec{x} = \begin{pmatrix} -3 \\ 3 \\ 1 \end{pmatrix} + r \cdot \begin{pmatrix} 3 \\ 0 \\ 0 \end{pmatrix} + s \cdot \begin{pmatrix} 0 \\ -3 \\ 0,5 \end{pmatrix}$

Die Koordinatenebenen in der Parameterform

$x_1 x_2$-Ebene: $\vec{x} = \begin{pmatrix} 0 \\ 0 \\ 0 \end{pmatrix} + r \cdot \begin{pmatrix} 1 \\ 0 \\ 0 \end{pmatrix} + s \cdot \begin{pmatrix} 0 \\ 1 \\ 0 \end{pmatrix}$

$x_2 x_3$-Ebene: $\vec{x} = \begin{pmatrix} 0 \\ 0 \\ 0 \end{pmatrix} + r \cdot \begin{pmatrix} 0 \\ 1 \\ 0 \end{pmatrix} + s \cdot \begin{pmatrix} 0 \\ 0 \\ 1 \end{pmatrix}$

$x_1 x_3$-Ebene: $\vec{x} = \begin{pmatrix} 0 \\ 0 \\ 0 \end{pmatrix} + r \cdot \begin{pmatrix} 1 \\ 0 \\ 0 \end{pmatrix} + s \cdot \begin{pmatrix} 0 \\ 0 \\ 1 \end{pmatrix}$

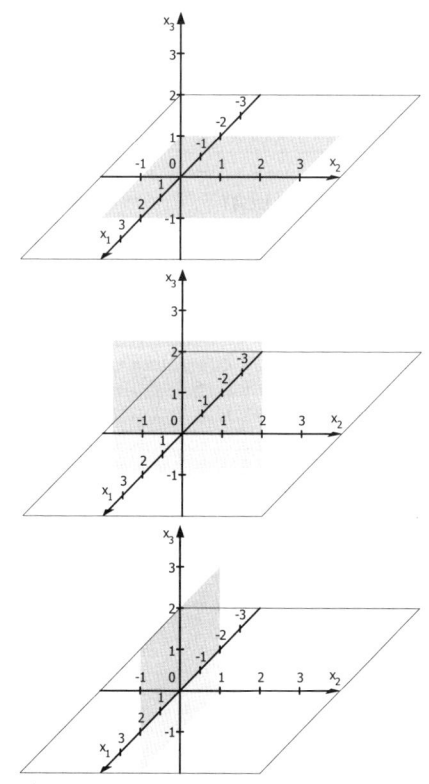

Elementare Aufgabenstellungen in der Parameterform

• Überprüfen, ob ein Punkt in einer Ebene liegt (Punktprobe)

Beispiel: Liegt $Q(1,5\,|\,{-3}\,|\,2)$ in der Ebene

$$E:\ \vec{x}=\begin{pmatrix}-3\\3\\1\end{pmatrix}+r\cdot\begin{pmatrix}3\\0\\0\end{pmatrix}+s\cdot\begin{pmatrix}0\\-3\\0,5\end{pmatrix}\quad(\text{mit }r,\,s\in\mathbb{R})?$$

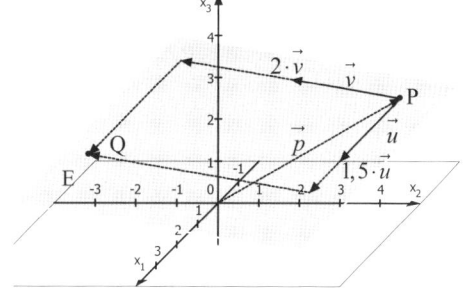

Durch Einsetzen erhält man ein LGS:

$$\begin{pmatrix}1,5\\-3\\2\end{pmatrix}=\begin{pmatrix}-3\\3\\1\end{pmatrix}+r\cdot\begin{pmatrix}3\\0\\0\end{pmatrix}+s\cdot\begin{pmatrix}0\\-3\\0,5\end{pmatrix}\quad\Leftrightarrow$$

$$\begin{array}{llll}
1,5=-3+3r & & r=1,5 & (1)\\
-3=3-3s & \Leftrightarrow & s=2 & (2)\\
2=1+0,5s & & s=2 & (3)
\end{array}$$

Das LGS hat eine Lösung. Somit liegt Q in der Ebene.

• Ebenengleichung aufstellen aus 3 Punkten

Zwei-Punkte-Form:

$$\mathbf{E}:\ \vec{x}=\overrightarrow{\mathbf{OA}}+r\cdot\overrightarrow{\mathbf{AB}}+s\cdot\overrightarrow{\mathbf{AC}}\quad(\text{mit }r,\,s\in\mathbb{R})$$

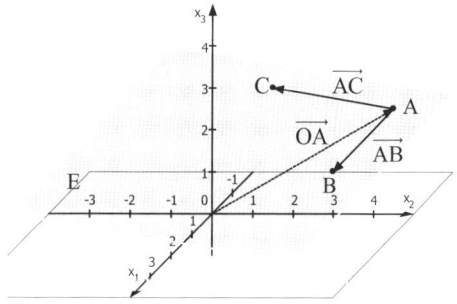

• $\overrightarrow{OA}$, der Ortsvektor des Punktes A, wird als Stützvektor verwendet

• $\overrightarrow{AB}$ und $\overrightarrow{AC}$, die Verbindungsvektoren der Punkte, bilden die Richtungsvektoren.

• $r,\,s$: Parameter (mit $r,\,s\in\mathbb{R}$)

Beispiel: Ebene durch $A(0\,|\,1\,|\,2)$, $B(3\,|\,2\,|\,2)$ und $C(-1\,|\,1\,|\,0)$.

$$E:\ \vec{x}=\begin{pmatrix}0\\1\\2\end{pmatrix}+r\cdot\begin{pmatrix}3-0\\2-1\\2-2\end{pmatrix}+s\cdot\begin{pmatrix}-1-0\\1-1\\0-2\end{pmatrix}\Leftrightarrow E:\ \vec{x}=\begin{pmatrix}0\\1\\2\end{pmatrix}+r\cdot\begin{pmatrix}3\\1\\0\end{pmatrix}+s\cdot\begin{pmatrix}-1\\0\\-2\end{pmatrix}\quad(\text{mit }r,\,s\in\mathbb{R})$$

Parameterform, geeignet für:

Aufstellen aus 3 Punkten

113

3.2 Ebenengleichungen in Normalenform

$$E : \left(\vec{x} - \vec{p}\right) \cdot \vec{n} = 0$$

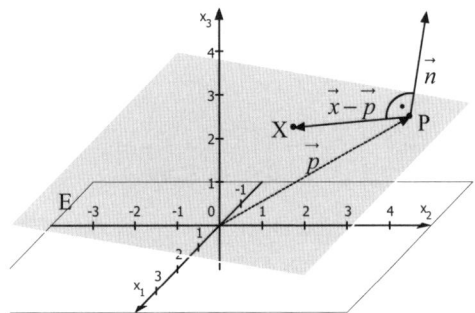

- $\vec{p}$: Stützvektor (Ortsvektor des Ebenenpunktes P)

- $\vec{n}$: Normalenvektor (steht senkrecht auf der Ebene)

Beispiel: $E : \left(\vec{x} - \begin{pmatrix} -3 \\ 3 \\ 1 \end{pmatrix}\right) \cdot \begin{pmatrix} 0 \\ 0,5 \\ 3 \end{pmatrix} = 0$

Hinweise

- Der Vektor $\overrightarrow{PX} = \vec{x} - \vec{p}$, der ausgehend von P zu einem allgemeinen Ebenenpunkt X zeigt, steht senkrecht auf $\vec{n}$. Deshalb ergibt das Skalarprodukt in der Normalengleichung 0.

- Machen Sie sich klar, dass eine Ebene schon eindeutig festgelegt ist, wenn man nur **einen** Ebenenpunkt und **einen** Vektor kennt, der senkrecht auf der Ebene steht.

Normalenform, geeignet für:

Aufstellen aus senkrechtem Vektor + Punkt

Beispiele und Lage im Koordinatensystem

1.„Normalfall": 3 Schnittpunkte mit den Koordinatenachsen	2. Parallel zu einer Achse (x_3-Achse)
$E : \left(\vec{x} - \vec{p}\right) \cdot \begin{pmatrix} n_1 \\ n_2 \\ n_3 \end{pmatrix} = 0$	$E : \left(\vec{x} - \vec{p}\right) \cdot \begin{pmatrix} n_1 \\ n_2 \\ 0 \end{pmatrix} = 0$
3. Parallel zu 2 Achsen (x_2 und x_3-Achse) bzw. einer Koordinatenebene ($x_2 x_3$-Ebene)	4. Ebene liegt in einer Koordinatenebene ($x_2 x_3$-Ebene)
$E : \left(\vec{x} - \vec{p}\right) \cdot \begin{pmatrix} n_1 \\ 0 \\ 0 \end{pmatrix} = 0$	$E : \left(\vec{x} - \begin{pmatrix} 0 \\ 0 \\ 0 \end{pmatrix}\right) \cdot \begin{pmatrix} n_1 \\ 0 \\ 0 \end{pmatrix} = 0$

Elementare Aufgabenstellungen in der Normalenform

• **Überprüfen, ob ein Punkt in einer Ebene liegt (Punktprobe)**

Beispiel: Liegt $Q(1|3|1)$ in der Ebene $E: \left(\vec{x} - \begin{pmatrix} -3 \\ 3 \\ 1 \end{pmatrix}\right) \cdot \begin{pmatrix} 0 \\ 0,5 \\ 3 \end{pmatrix} = 0$?

Einsetzen und Ausmultiplizieren führt auf eine Gleichung:

$$\left(\begin{pmatrix} 1 \\ 3 \\ 1 \end{pmatrix} - \begin{pmatrix} -3 \\ 3 \\ 1 \end{pmatrix}\right) \cdot \begin{pmatrix} 0 \\ 0,5 \\ 3 \end{pmatrix} = 0 \Leftrightarrow \begin{pmatrix} 4 \\ 0 \\ 0 \end{pmatrix} \cdot \begin{pmatrix} 0 \\ 0,5 \\ 3 \end{pmatrix} = 0 \Leftrightarrow 4\cdot 0 + 0\cdot 0,5 + 0\cdot 3 \Leftrightarrow 0 = 0$$

Man erhält eine wahre Aussage. Somit liegt Q in der Ebene.
(Bei einem Widerspruch liegt Q nicht in der Ebene.)

• **Ebenengleichung aufstellen aus 3 Punkten**

Beispiel: Ebene durch $A(0|1|2)$,

$B(3|2|2)$ und $C(-1|1|0)$.

$A(0|1|2)$ wird als Stützpunkt verwendet:

$$E: \left(\vec{x} - \begin{pmatrix} 0 \\ 1 \\ 2 \end{pmatrix}\right) \cdot \vec{n} = 0.$$

Verbindungsvektoren:

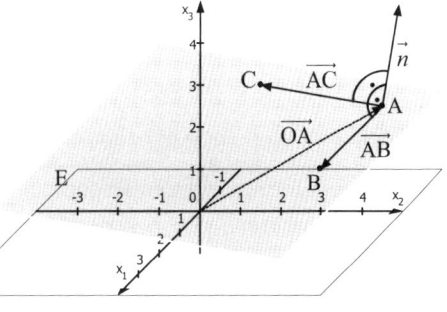

$$\overrightarrow{AB} = \begin{pmatrix} 3-0 \\ 2-1 \\ 2-2 \end{pmatrix} = \begin{pmatrix} 3 \\ 1 \\ 0 \end{pmatrix}; \ \overrightarrow{AC} = \begin{pmatrix} -1 \\ 0 \\ -2 \end{pmatrix}$$

Der Normalenvektor $\vec{n}$ steht **senkrecht** auf diesen beiden Vektoren und kann deshalb mit dem **Vektorprodukt** errechnet werden:

$$\vec{n} = \overrightarrow{AB} \times \overrightarrow{AC} = \begin{pmatrix} 3 \\ 1 \\ 0 \end{pmatrix} \times \begin{pmatrix} -1 \\ 0 \\ -2 \end{pmatrix} = \begin{pmatrix} 1\cdot(-2) & -0\cdot 0 \\ 0\cdot(-1) & -3\cdot(-2) \\ 3\cdot 0 & -1\cdot(-1) \end{pmatrix} = \begin{pmatrix} -2 \\ 6 \\ 1 \end{pmatrix}$$

$$\begin{pmatrix} 3 & 1 \\ 1 & 0 \\ 0 & -2 \\ 3 & -1 \\ 1 & 0 \\ 0 & -2 \end{pmatrix} \text{(Hilfsschema)}$$

Man erhält $E: \left(\vec{x} - \begin{pmatrix} 0 \\ 1 \\ 2 \end{pmatrix}\right) \cdot \begin{pmatrix} -2 \\ 6 \\ 1 \end{pmatrix} = 0$

3.3 Ebenengleichungen in Koordinatenform

E : $n_1x_1 + n_2x_2 + n_3x_3 = b$

oder

E : $ax_1 + bx_2 + cx_3 = d$

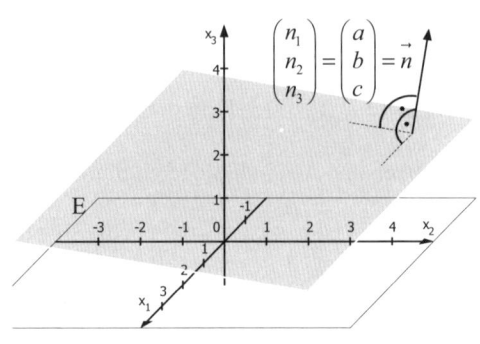

Beispiel :

E : $2x_1 - 3x_2 + 4x_3 = -4$

mit Normalenvektor $\vec{n} = \begin{pmatrix} 2 \\ -3 \\ 4 \end{pmatrix}$,

welcher senkrecht auf der Ebene steht.

Hinweis : Auch die Koordinatengleichung einer Ebene ist nicht eindeutig. Beispielsweise stellt E : $4x_1 - 6x_2 + 8x_3 = -8$ eine weitere Koordinatengleichung der oberen Ebene E dar, da sie ein Vielfaches (2-faches) ist.

Beispiele und Lage im Koordinatensystem

1.„Normalfall“: 3 Schnittpunkte mit den Koordinatenachsen	2. Parallel zu einer Achse (x_3-Achse)
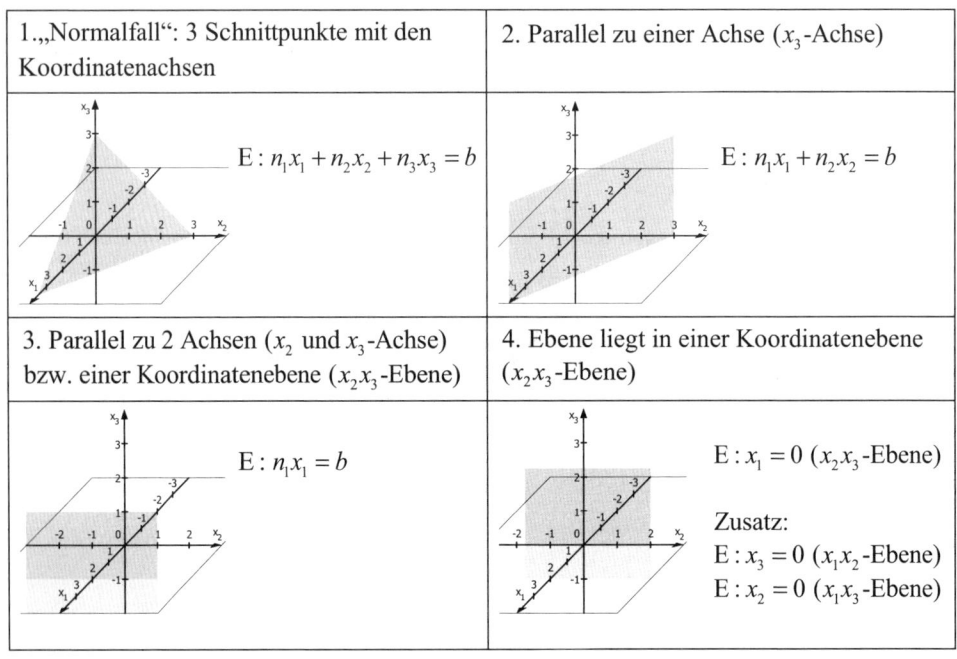 E : $n_1x_1 + n_2x_2 + n_3x_3 = b$	E : $n_1x_1 + n_2x_2 = b$
3. Parallel zu 2 Achsen (x_2 und x_3-Achse) bzw. einer Koordinatenebene (x_2x_3-Ebene)	4. Ebene liegt in einer Koordinatenebene (x_2x_3-Ebene)
E : $n_1x_1 = b$	E : $x_1 = 0$ (x_2x_3-Ebene) Zusatz: E : $x_3 = 0$ (x_1x_2-Ebene) E : $x_2 = 0$ (x_1x_3-Ebene)

Elementare Aufgabenstellungen in der Koordinatenform

• Überprüfen, ob ein Punkt in einer Ebene liegt (Punktprobe)

Beispiel: Liegt $Q(2\,|\,2\,|\,0)$ in der Ebene $E:\ 2x_1 - 3x_2 + 4x_3 = -4$?

Einsetzen: $2\cdot 2 - 3\cdot 2 + 4\cdot 0 = -4 \ \Leftrightarrow\ -2 \neq -4$
Widerspruch. Somit liegt Q nicht in der Ebene.

Koordinatenform,
geeignet für:
die meisten Rechnungen

• Ebenengleichung aufstellen aus 3 Punkten

Beispiel: Bestimmen Sie die Koordinatenform der Ebene, in welcher die 3 Punkte
$A(0\,|\,1\,|\,2), B(3\,|\,2\,|\,2)$ und $C(-1\,|\,1\,|\,0)$ liegen.

Zunächst Normalenvektor der Ebene bestimmen (siehe Normalenform): $\vec{n} = \begin{pmatrix} -2 \\ 6 \\ 1 \end{pmatrix}$

Einträge des Normalenvektors in Koordinatenform übernehmen: $E:\ -2x_1 + 6x_2 + x_3 = b$;
Z.B. Koordinaten von $A(0\,|\,1\,|\,2)$ einsetzen: $-2\cdot 0 + 6\cdot 1 + 1\cdot 2 = b \ \Leftrightarrow\ 8 = b$
Man erhält $E:\ -2x_1 + 6x_2 + x_3 = 8$.

3.4 Spurpunkte, Spurgeraden und die Lage im Koordinatensystem

Beim Einzeichnen einer Ebene in das Koordinatensystem orientiert man sich an den
Spurpunkten (Schnittpunkte mit den Koordinatenachsen) und den **Spurgeraden**
(Schnittgeraden mit den Koordinatenebenen).

Die **Spurpunkte** einer Ebene können in der Koordinatenform schnell bestimmt werden.

$E:\ n_1 x_1 + n_2 x_2 + n_3 x_3 = b$ hat die Spurpunkte $S_1\left(\dfrac{b}{n_1}\,|\,0\,|\,0\right), S_2\left(0\,|\,\dfrac{b}{n_2}\,|\,0\right), S_3\left(0\,|\,0\,|\,\dfrac{b}{n_3}\right)$

Beispiel: Geben Sie die Spurpunkte
der Ebene $E:\ 4x_1 - 3x_2 + 6x_3 = 12$ an.

$S_1\left(\dfrac{12}{4}\,|\,0\,|\,0\right) = S_1(3\,|\,0\,|\,0),$

$S_2\left(0\,|\,\dfrac{12}{-3}\,|\,0\right) = S_2(0\,|\,-4\,|\,0),$

$S_3\left(0\,|\,0\,|\,\dfrac{12}{6}\right) = S_3(0\,|\,0\,|\,2)$

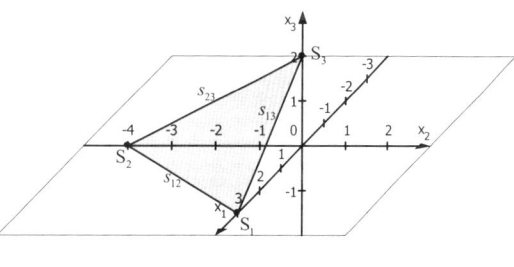

Zusatz („Achsenabschnittsform" einer Ebene, immer mit $b = 1$)

Umgekehrt kann aus den Spurpunkten direkt die zugehörige Ebene angegeben werden:

$S_1(3\,|\,0\,|\,0), S_2(0\,|\,-4\,|\,0), S_3(0\,|\,0\,|\,2) \ \Rightarrow\ E:\ \dfrac{1}{3}x_1 - \dfrac{1}{4}x_2 + \dfrac{1}{2}x_3 = 1$

3.5 Umwandlungen der Ebenenformen

Ebenenformen werden meist ineinander umgewandelt, um **Rechenaufwand einzusparen**.
Beispielsweise ist das Aufstellen einer Ebene in der Parameterform sehr einfach, hingegen sind weitere Rechnungen in dieser Form meist umständlich. Hierfür ist es oftmals sinnvoll, die Parameterform in die Koordinatenform umzuwandeln.

Eine Übersicht, bei welcher Aufgabenstellung welche Ebenenform zu empfehlen ist, finden Sie auf S. 121.

Sinnvolle Umwandlungen

Parameterform
$$\left(E:\ \vec{x}=\vec{p}+r\cdot\vec{u}+s\cdot\vec{v}\right)$$
$\downarrow$(2.)
Normalenform
(1.) $\left(E:\left(\vec{x}-\vec{p}\right)\cdot\vec{n}=0\right)$ (4.)
$\downarrow$(3.)
Koordinatenform
$\left(E:\ n_1x_1+n_2x_2+n_3x_3=b\right)$

1. Von der Parameterform zur Koordinatenform

Beispiel: $E:\ \vec{x}=\begin{pmatrix}0,5\\0\\2\end{pmatrix}+r\cdot\begin{pmatrix}1\\1\\-2\end{pmatrix}+s\cdot\begin{pmatrix}0\\1\\2\end{pmatrix}$ (mit $r,s\in\mathbb{R}$)

Schritt 1 : Vektorprodukt der beiden Spannvektoren bilden. Man erhält den Normalenvektor.

$$\begin{pmatrix}1\\1\\-2\end{pmatrix}\times\begin{pmatrix}0\\1\\2\end{pmatrix}=\begin{pmatrix}1\cdot 2 & -(-2)\cdot 1\\(-2)\cdot 0 & -1\cdot 2\\1\cdot 1 & -1\cdot 0\end{pmatrix}=\begin{pmatrix}4\\-2\\1\end{pmatrix}=\vec{n}$$ Hilfsschema: $\begin{pmatrix}\cancel{1} & \cancel{0}\\1 & 1\\-2 & 2\\1 & 0\\1 & 1\\\cancel{-2} & \cancel{2}\end{pmatrix}$

Schritt 2 : Einträge des Normalenvektors übernehmen: $E:\ n_1x_1+n_2x_2+n_3x_3=b$. Koordinaten des Stützpunktes einsetzen.

$E:\ 4x_1-2x_2+x_3=b;$
$P(0,5\,|\,0\,|\,2)$ einsetzen: $E:\ 4\cdot 0,5-2\cdot 0+2=b\ \Leftrightarrow\ 4=b$ $\Rightarrow E:\ 4x_1-2x_2+x_3=4$

2. Von der Parameterform zur Normalenform

Beispiel: $E: \vec{x} = \begin{pmatrix} 0,5 \\ 0 \\ 2 \end{pmatrix} + r \cdot \begin{pmatrix} 1 \\ 1 \\ -2 \end{pmatrix} + s \cdot \begin{pmatrix} 0 \\ 1 \\ 2 \end{pmatrix}$ (mit $r, s \in \mathbb{R}$)

Schritt 1 : Vektorprodukt der beiden Spannvektoren bilden. Man erhält den Normalenvektor.

$\vec{n} = \begin{pmatrix} 4 \\ -2 \\ 1 \end{pmatrix}$ (siehe Vorseite)

Schritt 2 : Stützvektor $\vec{p}$ aus Parameterform übernehmen. In $E: \left(\vec{x} - \vec{p}\right) \cdot \vec{n} = 0$ einsetzen.

$E: \left(\vec{x} - \vec{p}\right) \cdot \vec{n} = 0 \quad \Leftrightarrow \quad E: \left(\vec{x} - \begin{pmatrix} 0,5 \\ 0 \\ 2 \end{pmatrix}\right) \cdot \begin{pmatrix} 4 \\ -2 \\ 1 \end{pmatrix} = 0$

---

3. Von der Normalenform zur Koordinatenform

Beispiel: $E: \left(\vec{x} - \begin{pmatrix} 0,5 \\ 0 \\ 2 \end{pmatrix}\right) \cdot \begin{pmatrix} 4 \\ -2 \\ 1 \end{pmatrix} = 0$

Schritt 1: Ausmultiplizieren.

$E: \left(\begin{pmatrix} x_1 \\ x_2 \\ x_3 \end{pmatrix} - \begin{pmatrix} 0,5 \\ 0 \\ 2 \end{pmatrix}\right) \cdot \begin{pmatrix} 4 \\ -2 \\ 1 \end{pmatrix} = 0 \quad \Leftrightarrow \quad \begin{pmatrix} x_1 \\ x_2 \\ x_3 \end{pmatrix} \cdot \begin{pmatrix} 4 \\ -2 \\ 1 \end{pmatrix} - \begin{pmatrix} 0,5 \\ 0 \\ 2 \end{pmatrix} \cdot \begin{pmatrix} 4 \\ -2 \\ 1 \end{pmatrix} = 0$

$\Leftrightarrow 4x_1 - 2x_2 + x_3 - \left(0,5 \cdot 4 + 0 \cdot (-2) + 2 \cdot 1\right) = 0 \quad \Leftrightarrow \quad E: 4x_1 - 2x_2 + x_3 = 4$

4. Von der Koordinatenform zur Parameterform

Beispiel: $E: 4x_1 - 2x_2 + x_3 = 4$

- **Möglichkeit 1** („Einfache Ebenenpunkte")

Schritt 1: Koordinaten von 3 „einfachen" Ebenenpunkten ermitteln (z.B. Spurpunkte).
$S_1\left(\dfrac{4}{4}\mid 0\mid 0\right)=S_1(1\mid 0\mid 0);\quad S_2\left(0\mid\dfrac{4}{-2}\mid 0\right)=S_2(0\mid -2\mid 0);\quad S_3\left(0\mid 0\mid\dfrac{4}{1}\right)=S_3(0\mid 0\mid 4)$
Schritt 2: Parameterform aus 3 Punkten aufstellen (S. 113).
$E:\ \vec{x}=\begin{pmatrix}1\\0\\0\end{pmatrix}+r\cdot\begin{pmatrix}0-1\\-2-0\\0-0\end{pmatrix}+s\cdot\begin{pmatrix}0-1\\0-0\\4-0\end{pmatrix}\ \Leftrightarrow\ E:\ \vec{x}=\begin{pmatrix}1\\0\\0\end{pmatrix}+r\cdot\begin{pmatrix}-1\\-2\\0\end{pmatrix}+s\cdot\begin{pmatrix}-1\\0\\4\end{pmatrix}$

- **Möglichkeit 2**

Schritt 1: In Koordinatengleichung $x_2 = r$ und $x_3 = s$ setzen. Nach x_1 auflösen.
$E:\ 4x_1 - 2x_2 + x_3 = 4\ \Leftrightarrow\ 4x_1 - 2r + s = 4\ \Leftrightarrow\ 4x_1 = 4 + 2r - s\ \Leftrightarrow\ x_1 = 1 + 0,5r - 0,25s$
Schritt 2: $\vec{x}$ als Vektor darstellen. „Aufteilen".
$\vec{x}=\begin{pmatrix}x_1\\x_2\\x_3\end{pmatrix}=\begin{pmatrix}1+0,5r-0,25s\\r\\s\end{pmatrix}=\begin{pmatrix}1+0,5r-0,25s\\0+1\cdot r+0\cdot s\\0+0\cdot r+1\cdot s\end{pmatrix}\ \Leftrightarrow\ E:\ \vec{x}=\begin{pmatrix}1\\0\\0\end{pmatrix}+r\cdot\begin{pmatrix}0,5\\1\\0\end{pmatrix}+s\cdot\begin{pmatrix}-0,25\\0\\1\end{pmatrix}$

Hinweis: Die beiden Ebenengleichungen, die man durch die beiden Möglichkeiten 1 bzw. 2 erhält, gehören natürlich zur gleichen Ebene.

Zusatz: Bei welcher Aufgabenstellung ist welche Ebenenform zu empfehlen?

1. Aufstellen einer Ebenengleichung ...

... besser in **Parameterform**

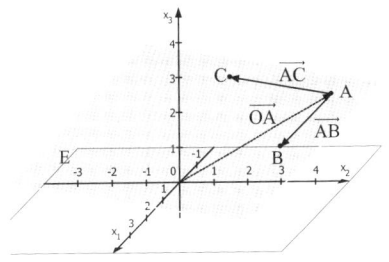

- Aufstellen aus **3 Punkten**

Vorgehen: $E: \vec{x} = \overrightarrow{OA} + r \cdot \overrightarrow{AB} + s \cdot \overrightarrow{AC}$ (mit $r, s \in \mathbb{R}$)
(S. 113)

Aufstellen aus einer Geraden $g: \vec{x} = \overrightarrow{OP} + r \cdot \vec{u}$ und ...

- ... dem **Punkt Q**, welcher **nicht auf der Geraden** liegt.

Vorgehen: $E: \vec{x} = \overrightarrow{OP} + r \cdot \vec{u} + s \cdot \overrightarrow{PQ}$ (mit $r, s \in \mathbb{R}$).

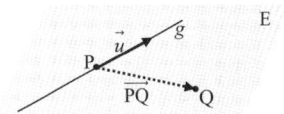

- ... der **Geraden** $h: \vec{x} = \overrightarrow{OQ} + s \cdot \vec{v}$, welche g **schneidet**.

Vorgehen: $E: \vec{x} = \overrightarrow{OP} + r \cdot \vec{u} + s \cdot \vec{v}$ (mit $r, s \in \mathbb{R}$).

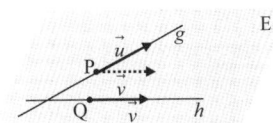

- ... der **Geraden** $i: \vec{x} = \overrightarrow{OQ} + s \cdot \vec{u}$, welche **parallel** zu
  g verläuft.

Vorgehen: $E: \vec{x} = \overrightarrow{OP} + r \cdot \vec{u} + s \cdot \overrightarrow{PQ}$ (mit $r, s \in \mathbb{R}$).

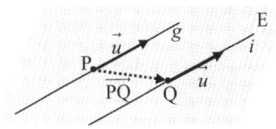

... besser in **Normalenform** (bzw. **Koordinatenform**)

- Aufstellen der Gleichung einer Ebene, die orthogonal
  (senkrecht) zu einer bekannten Geraden $g: \vec{x} = \overrightarrow{OP} + r \cdot \vec{u}$
  und durch einen gegebenen Punkt Q verläuft;

Vorgehen: $E: \left(\vec{x} - \vec{q} \right) \cdot \vec{u} = 0$

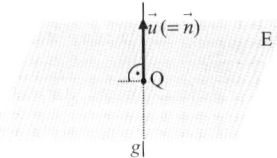

($\vec{q}$ als Stützvektor, den Richtungsvektor $\vec{u}$ der Geraden
als Normalenvektor verwenden)

2. Rechnen mit einer Ebenengleichung

Hier ist stets die **Koordinatenform** der Ebenengleichung zu empfehlen.
Bei vielen Rechungen lohnt es sich also, eine gegebene Parametergleichung bzw.
Normalengleichung in die Koordinatengleichung umzuwandeln.

4. Gegenseitige Lage

4.1 Ebene-Gerade

Möglichkeiten für die gegenseitige Lage

| Gerade und Ebene **schneiden sich** in einem Punkt. | Gerade **liegt in** der Ebene. | Gerade und Ebene sind **parallel**. |

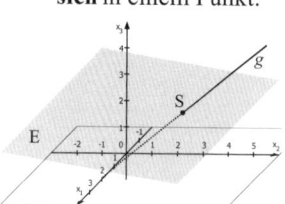 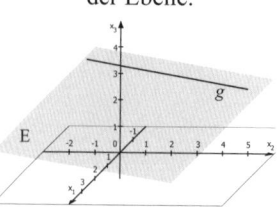 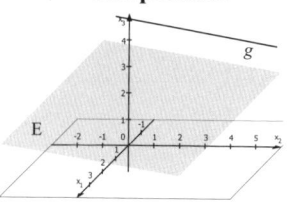

1. Fall: Ebenengleichung in **Koordinatenform**

Beispiel: $E: -x_1 + 3x_2 + 2x_3 = -3$ und $g : \vec{x} = \begin{pmatrix} 1 \\ 2 \\ 3 \end{pmatrix} + t \cdot \begin{pmatrix} 0 \\ 1 \\ 2 \end{pmatrix}$

Schritt 1: Geradenvektor $\vec{x}$ als Komponenten (x_1, x_2 und x_3) darstellen („allgemeiner Geradenpunkt").

$x_1 = 1; \quad x_2 = 2 + t; \quad x_3 = 3 + 2t \quad \rightarrow \quad P_t\left(1 \mid 2 + t \mid 3 + 2t\right)$

Schritt 2: Einsetzen in die Koordinatengleichung. Auflösen.

$-x_1 + 3x_2 + 2x_3 = -3 \iff -1 + 3 \cdot (2 + t) + 2 \cdot (3 + 2t) = -3 \iff t = -2$

Schritt 3: Interpretation anhand der nachfolgenden **Übersicht**.

Z.B. $t = -2$	Z.B. $0 = 0$ (wahre Aussage, t „fällt raus")	Z.B. $0 = 1$ (falsche Aussage, t „fällt raus")
Gleichung hat **eindeutige Lösung**.	Gleichung hat **unendlich viele Lösungen**.	Gleichung hat **keine Lösung**.
Gerade und Ebene **schneiden sich** in einem Punkt S.	Gerade **liegt in** der Ebene.	Gerade und Ebene sind **parallel**.

Schritt 4 (bei „schneiden sich"): Schnittpunkt bestimmen durch Einsetzen in Geradengl..

Einsetzen von $t = -2$: $\overrightarrow{OS} = \begin{pmatrix} 1 \\ 2 \\ 3 \end{pmatrix} - 2 \cdot \begin{pmatrix} 0 \\ 1 \\ 2 \end{pmatrix} = \begin{pmatrix} 1 \\ 0 \\ -1 \end{pmatrix} \rightarrow S(1 \mid 0 \mid -1)$

„Abkürzung": Stehen **Normalenvektor** und **Richtungsvektor senkrecht** aufeinander (**Skalarprodukt=0**), so sind Ebene und Gerade entweder **parallel** oder die Gerade **liegt in** der Ebene. Eine **Punktprobe** klärt auf.

2. Fall: Ebenengleichung in **Parameterform**

Beispiel: $E : \vec{x} = \begin{pmatrix} 1 \\ -2 \\ 2 \end{pmatrix} + r \cdot \begin{pmatrix} -1 \\ -3 \\ 0 \end{pmatrix} + s \cdot \begin{pmatrix} 3 \\ 0 \\ -2 \end{pmatrix}$ und $g : \vec{x} = \begin{pmatrix} 2 \\ 7 \\ 1 \end{pmatrix} + t \cdot \begin{pmatrix} 2 \\ 5 \\ -1 \end{pmatrix}$

Tipp: Umgehen Sie das nachfolgende Verfahren, indem Sie die Ebenengleichung **in Koordinatenform umwandeln** und dann wie im **1. Fall** vorgehen.

Schritt 1: Gleichsetzen.

$$\begin{pmatrix} 1 \\ -2 \\ 2 \end{pmatrix} + r \cdot \begin{pmatrix} -1 \\ -3 \\ 0 \end{pmatrix} + s \cdot \begin{pmatrix} 3 \\ 0 \\ -2 \end{pmatrix} = \begin{pmatrix} 2 \\ 7 \\ 1 \end{pmatrix} + t \cdot \begin{pmatrix} 2 \\ 5 \\ -1 \end{pmatrix}$$

Schritt 2: LGS in r, s und t ordnen.

$$\begin{array}{ll} \begin{aligned} 1 - r + 3s &= 2 + 2t \\ -2 - 3r &= 7 + 5t \\ 2 \quad - 2s &= 1 - t \end{aligned} \quad\Leftrightarrow\quad & \begin{aligned} -r + 3s - 2t &= 1 \quad (1) \\ -3r \quad\;\; - 5t &= 9 \quad (2) \\ -2s + t &= -1 \quad (3) \end{aligned} \end{array}$$

Schritt 3: Durch Gauß-Verfahren umformen.

$$\begin{pmatrix} -1 & 3 & -2 & | & 1 \\ -3 & 0 & -5 & | & 9 \\ 0 & -2 & 1 & | & -1 \end{pmatrix} \sim \begin{pmatrix} -1 & 3 & -2 & | & 1 \\ 0 & 3 & -1/3 & | & -2 \\ 0 & -2 & 1 & | & -1 \end{pmatrix} \sim \begin{pmatrix} -1 & 3 & -2 & | & 1 \\ 0 & 3 & -1/3 & | & -2 \\ 0 & 0 & 7/6 & | & -7/2 \end{pmatrix} \begin{array}{l} \Rightarrow r = 2 \\ \Rightarrow s = -1 \\ \Rightarrow t = -3 \end{array}$$

Schritt 4: Interpretation anhand der nachfolgenden **Übersicht**.

$$\begin{pmatrix} \bullet & \bullet & \bullet & | & \bullet \\ 0 & \bullet & \bullet & | & \bullet \\ \mathbf{0} & \mathbf{0} & \mathbf{\neq 0} & | & \bullet \end{pmatrix} \qquad \begin{pmatrix} \bullet & \bullet & \bullet & | & \bullet \\ 0 & \bullet & \bullet & | & \bullet \\ \mathbf{0} & \mathbf{0} & \mathbf{0} & | & \mathbf{0} \end{pmatrix} \qquad \begin{pmatrix} \bullet & \bullet & \bullet & | & \bullet \\ 0 & \bullet & \bullet & | & \bullet \\ \mathbf{0} & \mathbf{0} & \mathbf{0} & | & \mathbf{\neq 0} \end{pmatrix}$$

LGS hat **eindeutige Lösung**.	LGS hat **unendlich viele Lösungen**.	LGS hat **keine Lösung**.
Gerade und Ebene **schneiden sich** in einem Punkt S.	Gerade **liegt in** der Ebene.	Gerade und Ebene sind **parallel**.

E und g schneiden sich also in einem Punkt.

Schritt 5 (bei „schneiden sich"): Schnittpunkt bestimmen durch Einsetzen in Geradengleichung.

Einsetzen von $t = -3$: $\quad \overrightarrow{OS} = \begin{pmatrix} 2 \\ 7 \\ 1 \end{pmatrix} - 3 \cdot \begin{pmatrix} 2 \\ 5 \\ -1 \end{pmatrix} = \begin{pmatrix} -4 \\ -8 \\ 4 \end{pmatrix} \rightarrow S(-4\,|\,-8\,|\,4)$

4.2 Ebene-Ebene

Möglichkeiten für die gegenseitige Lage

Ebenen **schneiden sich**
in einer Schnittgeraden.

Ebenen sind
identisch.

Ebenen sind
parallel.

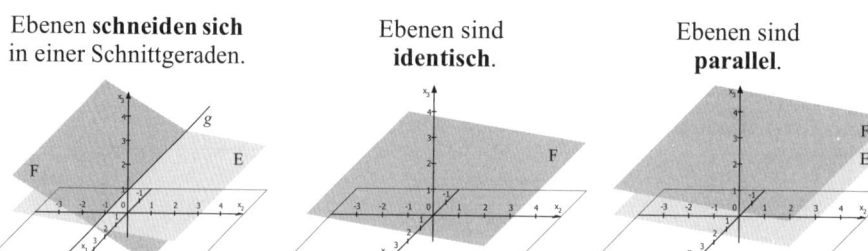

1. Fall: Eine Ebenengleichung in **Parameterform**, eine in **Koordinatenform**

Beispiel: $E: \vec{x} = \begin{pmatrix} 15 \\ 0 \\ 3 \end{pmatrix} + r \cdot \begin{pmatrix} 2 \\ 5 \\ 0 \end{pmatrix} + s \cdot \begin{pmatrix} -1 \\ 0 \\ 5 \end{pmatrix}$ und $F: 3x_1 + 4x_2 - 2x_3 = 13$

Schritt 1: Ebenenvektor $\vec{x}$ als Komponenten (x_1, x_2 und x_3) darstellen
(„allgemeiner Ebenenpunkt").

$x_1 = 15 + 2r - s; \quad x_2 = 5r; \quad x_3 = 3 + 5s \quad \rightarrow \quad P(15 + 2r - s \,|\, 5r \,|\, 3 + 5s)$

Schritt 2: Einsetzen in die Koordinatengleichung. Umformen.

$3x_1 + 4x_2 - 2x_3 = 13 \quad \Leftrightarrow \quad 3 \cdot (15 + 2r - s) + 4 \cdot 5r - 2 \cdot (3 + 5s) = 13 \quad \Leftrightarrow \quad 2r - s = -2$

Schritt 3: Interpretation anhand der nachfolgenden **Übersicht**.

Z.B. $2r - s = -2$	Z.B. $0 = 0$	Z.B. $0 = 1$
(Gleichung **enthält Parameter**)	(**wahre** Aussage, Parameter „fallen raus")	(**falsche** Aussage, Parameter „fallen raus")
Ebenen **schneiden sich** in einer Geraden.	Ebenen sind **identisch**.	Ebenen sind **parallel**.

E und F schneiden sich also in einer Geraden.

Schritt 4 (bei „schneiden sich"): Gleichung der Schnittgeraden bestimmen.

Gleichung nach einem Parameter auflösen: $s = 2r + 2$. Einsetzen in Parametergleichung:

$\vec{x} = \begin{pmatrix} 15 \\ 0 \\ 3 \end{pmatrix} + r \cdot \begin{pmatrix} 2 \\ 5 \\ 0 \end{pmatrix} + (2r + 2) \cdot \begin{pmatrix} -1 \\ 0 \\ 5 \end{pmatrix} \quad \Leftrightarrow \quad g: \vec{x} = \begin{pmatrix} 13 \\ 0 \\ 13 \end{pmatrix} + r \cdot \begin{pmatrix} 0 \\ 5 \\ 10 \end{pmatrix}$ (Schnittgerade)

„Abkürzung": Stehen **Normalenvektor** und beide **Spannvektoren senkrecht** aufeinander
(Skalarprodukt=0), so sind die Ebenen entweder **parallel** oder **identisch**.
Eine **Punktprobe** klärt auf.

2. Fall: Beide Ebenengleichungen in **Koordinatenform**

Beispiel: $E : x_1 + 3x_2 + 2x_3 = -5$ und $F : x_1 + 2x_2 + 3x_3 = -2$

Schritt 1: Die beiden Ebenengleichungen als LGS auffassen.

$$x_1 + 3x_2 + 2x_3 = -5$$
$$x_1 + 2x_2 + 3x_3 = -2$$

Schritt 2: Durch Gauß-Verfahren „in Richtung" untere Dreiecksform umformen.

$$\begin{pmatrix} 1 & 3 & 2 & | & -5 \\ 1 & 2 & 3 & | & -2 \end{pmatrix} \quad \leftarrow -$$

$$\begin{pmatrix} 1 & 3 & 2 & | & -5 \\ 0 & 1 & -1 & | & -3 \end{pmatrix}$$

Schritt 3: Interpretation anhand der nachfolgenden **Übersicht**.

(Da nur 2 Gleichungen aber 3 Unbekannte vorliegen, ist LGS niemals eindeutig lösbar.)

$$\begin{pmatrix} \bullet & \bullet & \bullet & | & \bullet \\ 0 & \neq 0 & \bullet & | & \bullet \end{pmatrix} \qquad \begin{pmatrix} \bullet & \bullet & \bullet & | & \bullet \\ 0 & 0 & 0 & | & 0 \end{pmatrix} \qquad \begin{pmatrix} \bullet & \bullet & \bullet & | & \bullet \\ 0 & 0 & 0 & | & \neq 0 \end{pmatrix}$$

LGS hat **unendlich viele Lösungen, ein** Parameter ist frei wählbar.	LGS hat **unendlich viele Lösungen, zwei** Parameter sind frei wählbar.	LGS hat **keine Lösung**.
Ebenen **schneiden sich** in einer Geraden.	Ebenen sind **identisch**.	Ebenen sind **parallel**.

E und F schneiden sich also in einer Geraden.

Schritt 4 (bei „schneiden sich"): Gleichung der Schnittgeraden bestimmen.

In Gleichung (2) $x_3 = t$ setzen: $x_2 - x_3 = -3 \Leftrightarrow x_2 - t = -3 \Leftrightarrow x_2 = t - 3;$

In Gleichung (1) einsetzen: $x_1 + 3x_2 + 2x_3 = -5 \Leftrightarrow x_1 + 3 \cdot (t-3) + 2 \cdot t = -5 \Leftrightarrow x_1 = -5t + 4$

In Vektorform notieren und sortieren: $g : \vec{x} = \begin{pmatrix} -5t+4 \\ t-3 \\ t \end{pmatrix} = \begin{pmatrix} 4 \\ -3 \\ 0 \end{pmatrix} + t \cdot \begin{pmatrix} -5 \\ 1 \\ 1 \end{pmatrix}$ (Schnittgerade)

„**Abkürzung**": Sind die beiden **Normalenvektoren Vielfache** voneinander, so sind die Ebenen entweder **parallel** oder **identisch**. Eine **Punktprobe** klärt auf.

3. Fall: Beide Ebenengleichungen in **Parameterform**

Beispiel: $E: \vec{x} = \begin{pmatrix} 2 \\ 4 \\ 1 \end{pmatrix} + r \cdot \begin{pmatrix} 1 \\ -2 \\ 3 \end{pmatrix} + s \cdot \begin{pmatrix} 1 \\ -1 \\ 5 \end{pmatrix}$ und $F: \vec{x} = \begin{pmatrix} 3 \\ 5 \\ 12 \end{pmatrix} + t \cdot \begin{pmatrix} 0 \\ -2 \\ -6 \end{pmatrix} + u \cdot \begin{pmatrix} -4 \\ 7 \\ -10 \end{pmatrix}$

Tipp: Umgehen Sie das nachfolgende Verfahren unbedingt, indem Sie eine der beiden Ebenengleichungen **in Koordinatenform umwandeln** und dann wie im **1. Fall** vorgehen.

Schritt 1: Gleichsetzen.

$$\begin{pmatrix} 2 \\ 4 \\ 1 \end{pmatrix} + r \cdot \begin{pmatrix} 1 \\ -2 \\ 3 \end{pmatrix} + s \cdot \begin{pmatrix} 1 \\ -1 \\ 5 \end{pmatrix} = \begin{pmatrix} 3 \\ 5 \\ 12 \end{pmatrix} + t \cdot \begin{pmatrix} 0 \\ -2 \\ -6 \end{pmatrix} + u \cdot \begin{pmatrix} -4 \\ 7 \\ -10 \end{pmatrix}$$

Schritt 2: LGS in r, s, t und u ordnen.

$$\begin{aligned} 2 + r + s &= 3 - 4u \\ 4 - 2r - s &= 5 - 2t + 7u \\ 1 + 3r + 5s &= 12 - 6t - 10u \end{aligned} \quad \Leftrightarrow \quad \begin{aligned} r + s + 4u &= 1 \quad (1) \\ -2r - s + 2t - 7u &= 1 \quad (2) \\ 3r + 5s + 6t + 10u &= 11 \quad (3) \end{aligned}$$

Schritt 3: Durch Gauß-Verfahren „in Richtung" untere Dreiecksform umformen.

$$\left(\begin{array}{cccc|c} 1 & 1 & 0 & 4 & 1 \\ -2 & -1 & 2 & -7 & 1 \\ 3 & 5 & 6 & 10 & 11 \end{array} \right) \sim \left(\begin{array}{cccc|c} 1 & 1 & 0 & 4 & 1 \\ 0 & 1 & 2 & 1 & 3 \\ 0 & -2 & -6 & 2 & -8 \end{array} \right) \sim \left(\begin{array}{cccc|c} 1 & 1 & 0 & 4 & 1 \\ 0 & 1 & 2 & 1 & 3 \\ 0 & 0 & -2 & 4 & -2 \end{array} \right)$$

Schritt 4: Interpretation anhand der nachfolgenden **Übersicht**.

(Da nur 3 Gleichungen aber 4 Unbekannte vorliegen, ist LGS niemals eindeutig lösbar.)

$$\left(\begin{array}{cccc|c} \bullet & \bullet & \bullet & \bullet & \bullet \\ 0 & \bullet & \bullet & \bullet & \bullet \\ 0 & 0 & \neq 0 & \bullet & \bullet \end{array} \right) \qquad \left(\begin{array}{cccc|c} \bullet & \bullet & \bullet & \bullet & \bullet \\ 0 & \bullet & \bullet & \bullet & \bullet \\ 0 & 0 & 0 & 0 & 0 \end{array} \right) \qquad \left(\begin{array}{cccc|c} \bullet & \bullet & \bullet & \bullet & \bullet \\ 0 & \bullet & \bullet & \bullet & \bullet \\ 0 & 0 & 0 & 0 & \neq 0 \end{array} \right)$$

LGS hat **unendlich viele Lösungen, ein** Parameter ist frei wählbar.	LGS hat **unendlich viele Lösungen, zwei** Parameter sind frei wählbar.	LGS hat **keine Lösung**.
Ebenen **schneiden sich** in einer Geraden.	Ebenen sind **identisch**.	Ebenen sind **parallel**.

E und F schneiden sich also in einer Schnittgeraden.

Schritt 5 (bei „schneiden sich"): Gleichung der Schnittgeraden bestimmen.

Gleichung (3): $-2t + 4u = -2$ wird nach t aufgelöst: $t = 2u + 1$. Einsetzen.

$$\vec{x} = \begin{pmatrix} 3 \\ 5 \\ 12 \end{pmatrix} + (2u+1) \cdot \begin{pmatrix} 0 \\ -2 \\ -6 \end{pmatrix} + u \cdot \begin{pmatrix} -4 \\ 7 \\ -10 \end{pmatrix} \quad \Leftrightarrow \quad g: \vec{x} = \begin{pmatrix} 3 \\ 3 \\ 6 \end{pmatrix} + u \cdot \begin{pmatrix} -4 \\ 3 \\ -22 \end{pmatrix} \quad \text{(Schnittgerade)}$$

5. Schnittwinkel

Zwischen	Formel	senkrecht $(\alpha = 90°)$
Vektor $\vec{a}$ und **Vektor** $\vec{b}$ 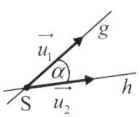	$\cos(\alpha) = \dfrac{\vec{a} \cdot \vec{b}}{|\vec{a}| \cdot |\vec{b}|}$	falls $\vec{a} \cdot \vec{b} = 0$
Gerade g mit Richtungsvektor $\vec{u_1}$ und **Gerade** h mit Richtungsvektor $\vec{u_2}$ 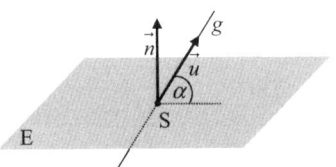	$\cos(\alpha) = \dfrac{|\vec{u_1} \cdot \vec{u_2}|}{|\vec{u_1}| \cdot |\vec{u_2}|}$	falls $\vec{u_1} \cdot \vec{u_2} = 0$
Gerade g mit Richtungsvektor $\vec{u}$ und **Ebene** E mit Normalenvektor $\vec{n}$ 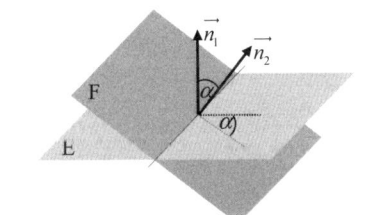	$\sin(\alpha) = \dfrac{|\vec{u} \cdot \vec{n}|}{|\vec{u}| \cdot |\vec{n}|}$	falls $\vec{u} = k \cdot \vec{n}$ (mit $k \in \mathbb{R}$) (Vielfache)
Ebene E mit Normalenvektor $\vec{n_1}$ und **Ebene** F mit Normalenvektor $\vec{n_2}$	$\cos(\alpha) = \dfrac{|\vec{n_1} \cdot \vec{n_2}|}{|\vec{n_1}| \cdot |\vec{n_2}|}$	falls $\vec{n_1} \cdot \vec{n_2} = 0$

Beispiel: Schnittwinkel zwischen $g : \vec{x} = \begin{pmatrix} 0,5 \\ 0 \\ 2 \end{pmatrix} + r \cdot \begin{pmatrix} 4 \\ -2 \\ 1 \end{pmatrix}$ und $E : x_1 - 3x_2 - 2x_3 = 3$.

$$\sin(\alpha) = \frac{\left| \begin{pmatrix} 4 \\ -2 \\ 1 \end{pmatrix} \cdot \begin{pmatrix} 1 \\ -3 \\ -2 \end{pmatrix} \right|}{\left| \begin{pmatrix} 4 \\ -2 \\ 1 \end{pmatrix} \right| \cdot \left| \begin{pmatrix} 1 \\ -3 \\ -2 \end{pmatrix} \right|} = \frac{|4 \cdot 1 + (-2) \cdot (-3) + 1 \cdot (-2)|}{\sqrt{4^2 + (-2)^2 + 1^2} \cdot \sqrt{1^2 + (-3)^2 + (-2)^2}} = \frac{8}{\sqrt{21} \cdot \sqrt{14}} \Rightarrow \alpha \approx 27{,}81°$$

(TR-Einstellung: *deg*)

Hinweis: Mit dem Schnittwinkel ist stets der spitze Winkel $(0 \leq \alpha \leq 90)$ gemeint.

6. Abstandsberechnungen

Lösungsstrategien im Überblick (ausführliches Vorgehen auf den folgenden Seiten)

	Punkt	Gerade	Ebene
P u n k t	**Betrag** A ? B $\|\overrightarrow{AB}\|$ (S. 129)	**1. Skalarprodukt** A ? g **2. Hilfsebene** A ? g, E_H (S. 129)	**1. Formel** $d = \left\| \dfrac{n_1 a_1 + n_2 a_2 + n_3 a_3 - b}{\sqrt{n_1^2 + n_2^2 + n_3^2}} \right\| = \left\| \dfrac{(\vec{a} - \vec{p}) \cdot \vec{n}}{\|\vec{n}\|} \right\|$ **2. Lotgerade** A, E, l (S. 131)
G e r a d e		**Parallel** **1. Skalarprodukt** **2. Hilfsebene** g ? h, E_H (S. 132) **Windschief** **1. Formel** $d = \left\| \dfrac{(\vec{q} - \vec{p}) \cdot \vec{n}}{\|\vec{n}\|} \right\|$ mit $\vec{n} = \vec{u} \times \vec{v}$ **2. Hilfsebene** g, h, E_H (S. 132)	**Parallel** **1. Formel (Punkt-Ebene)** **2. Lotgerade** g, E, l (S. 133)
E b e n e			**Parallel** **1. Formel (Punkt-Ebene)** **2. Lotgerade** F, E, l (S. 133)

6.1 Abstände zu einem Punkt

1. Abstand: Punkt – Punkt

Hier muss schlicht die **Länge (Betrag) des Verbindungsvektors** $\overrightarrow{AB}$ berechnet werden.

Beispiel: Abstand von $A(1|0|2)$ und $B(2|-3|1)$?

Verbindungsvektor: $\overrightarrow{AB} = \begin{pmatrix} 2 \\ -3 \\ 1 \end{pmatrix} - \begin{pmatrix} 1 \\ 0 \\ 2 \end{pmatrix} = \begin{pmatrix} 1 \\ -3 \\ -1 \end{pmatrix}$;

Länge: $|\overrightarrow{AB}| = \sqrt{1^2 + (-3)^2 + (-1)^2} = \sqrt{11}$ LE (Längeneinheiten)

A ⋯⋯⋯⋯ B
$d = |AB|$

2. Abstand: Punkt – Gerade

Beispiel: Abstand von $A(6|-6|9)$ zu $g: \vec{x} = \begin{pmatrix} 4 \\ 5 \\ 6 \end{pmatrix} + r \cdot \begin{pmatrix} -2 \\ 1 \\ 1 \end{pmatrix}$?

• **Möglichkeit 1 (Skalarprodukt)**

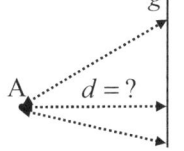

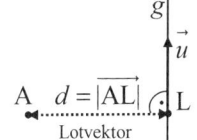

Schritt 1: **Verbindungsvektor** zwischen dem **Punkt A** und einem **allgemeinen Geradenpunkt** $P_r(4-2r | 5+r | 6+r)$ aufstellen (allgemeiner Abstandsvektor).

$\overrightarrow{AP_r} = \begin{pmatrix} 4-2r \\ 5+r \\ 6+r \end{pmatrix} - \begin{pmatrix} 6 \\ -6 \\ 9 \end{pmatrix} = \begin{pmatrix} -2r-2 \\ r+11 \\ r-3 \end{pmatrix}$

Schritt 2: **Skalarprodukt** aus dem **Verbindungsvektor** und dem **Richtungsvektor** $\vec{u}$ der Geraden bilden und **gleich 0** setzen. (Grund: Der Verbindungsvektor wird zum Lotvektor wenn er senkrecht zur Geraden steht). Parameterwert r ermitteln.

$\overrightarrow{AP_r} \cdot \vec{u} = \begin{pmatrix} -2r-2 \\ r+11 \\ r-3 \end{pmatrix} \cdot \begin{pmatrix} -2 \\ 1 \\ 1 \end{pmatrix} = 0 \Leftrightarrow (-2r-2)\cdot(-2) + (r+11)\cdot 1 + (r-3)\cdot 1 = 0 \Leftrightarrow r = -2$

Schritt 3: Lotfußpunkt L erhalten, indem der **Parameterwert** in die Geradengleichung **eingesetzt** wird.

$r = -2$ einsetzen: $\overrightarrow{OL} = \begin{pmatrix} 4 \\ 5 \\ 6 \end{pmatrix} - 2 \cdot \begin{pmatrix} -2 \\ 1 \\ 1 \end{pmatrix} = \begin{pmatrix} 8 \\ 3 \\ 4 \end{pmatrix} \rightarrow L(8|3|4)$

Schritt 4: **Länge (Betrag)** des Lotvektors $|\overrightarrow{AL}|$ berechnen.

Lotvektor: $\overrightarrow{AL} = \begin{pmatrix} 8 \\ 3 \\ 4 \end{pmatrix} - \begin{pmatrix} 6 \\ -6 \\ 9 \end{pmatrix} = \begin{pmatrix} 2 \\ 9 \\ -5 \end{pmatrix}$; Länge: $|\overrightarrow{AL}| = \sqrt{2^2 + 9^2 + (-5)^2} = \sqrt{110}$ LE

• **Möglichkeit 2 (Hilfsebene)**

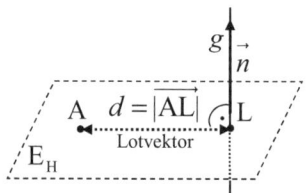

Schritt 1 : Hilfsebene E_H bilden, die den Punkt **A enthält** und **senkrecht auf der Geraden g** steht (Richtungsvektor der Geraden als Normalenvektor von E_H verwenden). Dann werden die Koordinaten des Punktes A eingesetzt.

$E_H : -2x_1 + x_2 + x_3 = b$

$A \in E_H : -2 \cdot 6 - 6 + 9 = b \Leftrightarrow -9 = b \Rightarrow E_H : -2x_1 + x_2 + x_3 = -9$

Schritt 2 : Hilfsebene E_H mit der **Geraden g schneiden.** Der Schnittpunkt ist der Lotfußpunkt L.

„Allgemeinen Geradenpunkt" $P_r(4-2r \mid 5+r \mid 6+r)$ in E_H einsetzen:

$-2x_1 + x_2 + x_3 = -9 \Leftrightarrow -2 \cdot (4-2r) + 5 + r + 6 + r = -9 \Leftrightarrow r = -2;$

$r = -2$ einsetzen: $\overrightarrow{OL} = \begin{pmatrix} 4 \\ 5 \\ 6 \end{pmatrix} - 2 \cdot \begin{pmatrix} -2 \\ 1 \\ 1 \end{pmatrix} = \begin{pmatrix} 8 \\ 3 \\ 4 \end{pmatrix} \rightarrow L(8 \mid 3 \mid 4)$

Schritt 3 : Länge (Betrag) des Lotvektors $|\overrightarrow{AL}|$ berechnen.

Lotvektor: $\overrightarrow{AL} = \begin{pmatrix} 8 \\ 3 \\ 4 \end{pmatrix} - \begin{pmatrix} 6 \\ -6 \\ 9 \end{pmatrix} = \begin{pmatrix} 2 \\ 9 \\ -5 \end{pmatrix};$ Länge: $|\overrightarrow{AL}| = \sqrt{2^2 + 9^2 + (-5)^2} = \sqrt{110}$ LE

Beispielhafte Anwendungen: Höhenbestimmung in einem Dreieck, Trapez oder Parallelogramm.

3. Abstand: Punkt – Ebene

Beispiel: Abstand von $A(1\,|\,2\,|\,3)$ zu $E: 2x_1 - x_2 + 4x_3 = -9$?

- **Möglichkeit 1 (Formel, siehe Merkhilfe)**

$$d = \left| \frac{n_1 a_1 + n_2 a_2 + n_3 a_3 - b}{\sqrt{n_1^2 + n_2^2 + n_3^2}} \right| \quad \text{(zwischen } A(a_1\,|\,a_2\,|\,a_3) \text{ und } E: n_1 x_1 + n_2 x_2 + n_3 x_3 = b)$$

$$d = \left| \frac{(\vec{a} - \vec{p}) \cdot \vec{n}}{|\vec{n}|} \right| \quad \text{(zwischen } A(a_1\,|\,a_2\,|\,a_3) \text{ und } E: (\vec{x} - \vec{p}) \cdot \vec{n} = 0)$$

Lösung: $d = \left| \dfrac{2 \cdot 1 - 1 \cdot 2 + 4 \cdot 3 + 9}{\sqrt{2^2 + (-1)^2 + 4^2}} \right| = \left| \dfrac{21}{\sqrt{21}} \right| = \sqrt{21} \text{ LE}$

- **Möglichkeit 2 (Lotgerade)**

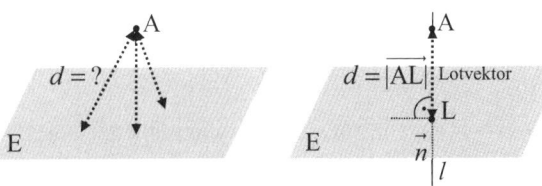

Schritt 1: Lotgerade l bilden, die den Punkt **A enthält** und **senkrecht auf der Ebene E** steht. (A als Stützpunkt und Normalenvektor der Ebene als Richtungsvektor verwenden).

$$l: \vec{x} = \vec{a} + r \cdot \vec{n} \quad \Rightarrow \quad l: \vec{x} = \begin{pmatrix} 1 \\ 2 \\ 3 \end{pmatrix} + r \cdot \begin{pmatrix} 2 \\ -1 \\ 4 \end{pmatrix} \quad (\text{mit } r \in \mathbb{R})$$

Schritt 2: Lotgerade l mit der **Ebene E schneiden**. Der Schnittpunkt ist der Lotfußpunkt L.

„Allgemeinen Geradenpunkt" $P_r(1 + 2r\,|\,2 - r\,|\,3 + 4r)$ in E einsetzen:
$2x_1 - x_2 + 4x_3 = -9 \Leftrightarrow 2 \cdot (1 + 2r) - (2 - r) + 4 \cdot (3 + 4r) = -9 \Leftrightarrow r = -1;$

$r = -1$ einsetzen: $\overrightarrow{OL} = \begin{pmatrix} 1 \\ 2 \\ 3 \end{pmatrix} - 1 \cdot \begin{pmatrix} 2 \\ -1 \\ 4 \end{pmatrix} = \begin{pmatrix} -1 \\ 3 \\ -1 \end{pmatrix} \rightarrow L(-1\,|\,3\,|\,-1)$

Schritt 3: Länge (Betrag) des Lotvektors $|\overrightarrow{AL}|$ berechnen.

Lotvektor: $\overrightarrow{AL} = \begin{pmatrix} -1 \\ 3 \\ -1 \end{pmatrix} - \begin{pmatrix} 1 \\ 2 \\ 3 \end{pmatrix} = \begin{pmatrix} -2 \\ 1 \\ -4 \end{pmatrix}$; Länge: $|\overrightarrow{AL}| = \sqrt{(-2)^2 + 1^2 + (-4)^2} = \sqrt{21} \text{ LE}$

Beispielhafte Anwendung: Höhenbestimmung bei einer Pyramide

6.2 Abstände zu einer Geraden

Ein (sinnvoller) Abstand zwischen zwei Geraden (welcher nicht 0 beträgt) liegt nur dann vor, falls die Geraden **parallel** oder **windschief** zueinander liegen.

1. Abstand: Gerade – Gerade (parallel)

Diese Abstandsberechnung lässt sich auf die Abstandsberechnung **Punkt – Gerade** zurückführen, indem der Abstand eines beliebigen Punktes (z.B. des **Stützpunktes) der einen Geraden zur anderen Geraden** ermittelt wird.
Lösungsstrategie: Skalarprodukt oder Hilfsebene.

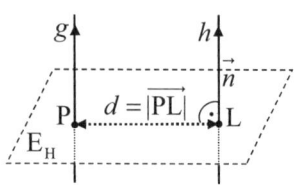

2. Abstand: Gerade – Gerade (windschief)

• **Möglichkeit 1 (Formel)**

$$d = \left| \frac{(\vec{q} - \vec{p}) \cdot \vec{n}}{|\vec{n}|} \right| \quad \text{mit } \vec{n} = \vec{u} \times \vec{v} \quad \text{(windschiefe Geraden } g : \vec{x} = \vec{p} + r \cdot \vec{u} \text{ und } h : \vec{x} = \vec{q} + s \cdot \vec{v})$$

Beispiel: Abstand von $g : \vec{x} = \begin{pmatrix} -7 \\ 2 \\ -3 \end{pmatrix} + r \cdot \begin{pmatrix} 0 \\ 1 \\ 2 \end{pmatrix}$ zu $h : \vec{x} = \begin{pmatrix} -3 \\ -3 \\ 3 \end{pmatrix} + s \cdot \begin{pmatrix} 1 \\ 2 \\ 1 \end{pmatrix}$?

$$d = \frac{\left| \left(\begin{pmatrix} -3 \\ -3 \\ 3 \end{pmatrix} - \begin{pmatrix} -7 \\ 2 \\ -3 \end{pmatrix} \right) \cdot \left(\begin{pmatrix} 0 \\ 1 \\ 2 \end{pmatrix} \times \begin{pmatrix} 1 \\ 2 \\ 1 \end{pmatrix} \right) \right|}{\left| \begin{pmatrix} 0 \\ 1 \\ 2 \end{pmatrix} \times \begin{pmatrix} 1 \\ 2 \\ 1 \end{pmatrix} \right|} = \frac{\left| \begin{pmatrix} 4 \\ -5 \\ 6 \end{pmatrix} \cdot \begin{pmatrix} -3 \\ 2 \\ -1 \end{pmatrix} \right|}{\left| \begin{pmatrix} -3 \\ 2 \\ -1 \end{pmatrix} \right|} = \left| \frac{-12 - 10 - 6}{\sqrt{(-3)^2 + 2^2 + (-1)^2}} \right| = \left| \frac{-28}{\sqrt{14}} \right| \approx 7,48 \text{ LE}$$

• **Möglichkeit 2 (Hilfsebene)**

Schritt 1 : Hilfsebene E_H bilden, welche die **Gerade h enthält** und **parallel zur Geraden g** verläuft.
Hierbei wird der Stützvektor der Geraden h in die Normalenform der Ebene übernommen ($E_H : (\vec{x} - \vec{q}) \cdot \vec{n} = 0$). Der Normalenvektor der Ebene ergibt sich aus dem Kreuzprodukt der beiden Richtungsvektoren ($\vec{n} = \vec{u} \times \vec{v}$).
Nun lässt sich diese Abstandsberechnung auf die Abstands - berechnung **Punkt – Ebene** zurückführen, indem der Abstand eines beliebigen Punktes der Geraden g (z.B. des Stützpunktes) zur Hilfsebene E_H ermittelt wird.
Lösungsstrategie : Formel oder Lotgerade.

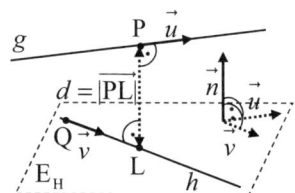

3. Abstand: Gerade – Ebene (parallel)

Nur sinnvoll, falls Gerade und Ebene **parallel** zueinander liegen.

Diese Abstandsberechnung lässt sich auf die Abstandsberechnung **Punkt – Ebene** zurückführen, indem der Abstand eines beliebigen Punktes der Geraden g (z.B. des **Stützpunktes**) zur Ebene E ermittelt wird.

Lösungsstrategie: Formel oder Lotgerade.

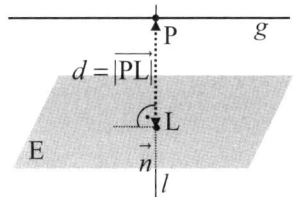

6.3 Abstände zu einer Ebene

Ein (sinnvoller) Abstand zwischen zwei Ebenen (welcher nicht 0 beträgt) liegt nur dann vor, falls die Ebenen **parallel** zueinander liegen.

1. Abstand: Ebene – Ebene (parallel)

Diese Abstandsberechnung lässt sich auf die Abstandsberechnung **Punkt – Ebene** zurückführen, indem der Abstand eines beliebigen Punktes der einen Ebene (z.B. eines **Spurpunktes**) zur anderen Ebene ermittelt wird.

Lösungsstrategie: Formel oder Lotgerade.

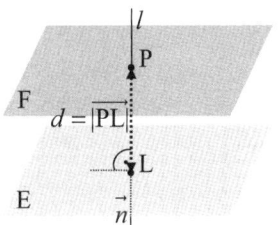

7. Das Vektorprodukt zur Flächen- und Volumenberechnung

7.1 Flächenberechnung

1. Parallelogramm

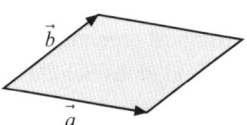

Formel : $A = \left| \vec{a} \times \vec{b} \right|$ Beispiel : $\vec{a} = \begin{pmatrix} 2 \\ 6 \\ 3 \end{pmatrix}$; $\vec{b} = \begin{pmatrix} 2 \\ 1 \\ -2 \end{pmatrix}$

$$A = \left| \begin{pmatrix} 2 \\ 6 \\ 3 \end{pmatrix} \times \begin{pmatrix} 2 \\ 1 \\ -2 \end{pmatrix} \right| = \left| \begin{pmatrix} 6 \cdot (-2) - 3 \cdot 1 \\ 3 \cdot 2 \quad - 2 \cdot (-2) \\ 2 \cdot 1 \quad - 6 \cdot 2 \end{pmatrix} \right| = \left| \begin{pmatrix} -15 \\ 10 \\ -10 \end{pmatrix} \right| = \sqrt{(-15)^2 + 10^2 + (-10)^2} \approx 20,62 \text{ FE}$$

2. Dreieck

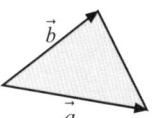

Formel : $A = \dfrac{1}{2} \cdot \left| \vec{a} \times \vec{b} \right|$

7.2 Volumenberechnung

1. Spat (Gegenüberliegende Seitenflächen sind deckungsgleiche Parallelogramme)

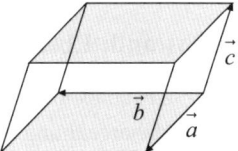

Formel : $V_{\text{Spat}} = \left| \left(\vec{a} \times \vec{b} \right) \cdot \vec{c} \right|$ (nicht in Merkhilfe)

Beispiel : $\vec{a} = \begin{pmatrix} 2 \\ 3 \\ 4 \end{pmatrix}$; $\vec{b} = \begin{pmatrix} 2 \\ 1 \\ 0 \end{pmatrix}$; $\vec{c} = \begin{pmatrix} 1 \\ -6 \\ -2 \end{pmatrix}$

$$V = \left| \left(\begin{pmatrix} 2 \\ 3 \\ 4 \end{pmatrix} \times \begin{pmatrix} 2 \\ 1 \\ 0 \end{pmatrix} \right) \cdot \begin{pmatrix} 1 \\ -6 \\ -2 \end{pmatrix} \right| = \left| \begin{pmatrix} 3 \cdot 0 - 4 \cdot 1 \\ 4 \cdot 2 - 2 \cdot 0 \\ 2 \cdot 1 - 3 \cdot 2 \end{pmatrix} \cdot \begin{pmatrix} 1 \\ -6 \\ -2 \end{pmatrix} \right| = \left| \begin{pmatrix} -4 \\ 8 \\ -4 \end{pmatrix} \cdot \begin{pmatrix} 1 \\ -6 \\ -2 \end{pmatrix} \right| = \left| -4 - 48 + 8 \right| = \left| -44 \right| = 44 \text{ VE}$$

2. Prisma (Grundfläche: **Dreieck**)

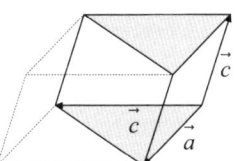

Formel : $V = \dfrac{1}{2} \cdot \left| \left(\vec{a} \times \vec{b} \right) \cdot \vec{c} \right| \quad \left(= \dfrac{1}{2} \cdot V_{\text{Spat}} \right)$

3. Volumen Pyramide (Grundfl.: **Parallelogramm**)

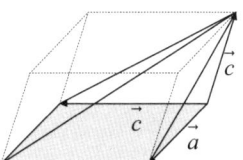

Formel : $V = \dfrac{1}{3} \cdot \left| \left(\vec{a} \times \vec{b} \right) \cdot \vec{c} \right| \quad \left(= \dfrac{1}{3} \cdot V_{\text{Spat}} \right)$

4. Volumen Pyramide (Grundfl.: **Dreieck**)

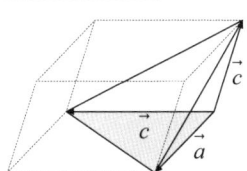

Formel : $V = \dfrac{1}{6} \cdot \left| \left(\vec{a} \times \vec{b} \right) \cdot \vec{c} \right| \quad \left(= \dfrac{1}{6} \cdot V_{\text{Spat}} \right)$

IV. Matrizen

1. Grundlagen Matrizen

1.1 Begriffe zur Matrix

Matrix: Eine **Anordnung von Zahlen**

Format (Matrix) = (Anzahl Zeilen × Anzahl Spalten)

$$A = \begin{pmatrix} 2 & 3 & 4 \\ -4 & 0 & -1 \end{pmatrix} \qquad (2 \times 3)$$

$$B = \begin{pmatrix} 1 & 2 \\ 2 & 0 \\ 7 & -6 \\ 0 & -1 \end{pmatrix} \qquad (4 \times 2)$$

Vektor: Eine Matrix, die nur eine Zeile oder eine Spalte besitzt. Ein Vektor wird mit einem kleinen Buchstaben und einem Pfeil bezeichnet.

$$\vec{e} = \begin{pmatrix} 2 \\ 1 \end{pmatrix}; \quad \vec{f} = \begin{pmatrix} 1 & 2 & -3 \end{pmatrix}$$

Quadratische Matrix: Eine Matrix, die gleich viele Zeilen wie Spalten besitzt.

$$C = \begin{pmatrix} 2 & 0 & 1 \\ -8 & 1 & 3 \\ -4 & 1 & -9 \end{pmatrix} \qquad (3 \times 3)$$

Einheitsmatrix: Eine quadratische Matrix, deren Diagonalelemente den Wert 1 und deren andere Elemente den Wert 0 haben.

$$E = \begin{pmatrix} 1 & 0 \\ 0 & 1 \end{pmatrix} \text{ bzw. } E = \begin{pmatrix} 1 & 0 & 0 \\ 0 & 1 & 0 \\ 0 & 0 & 1 \end{pmatrix}$$

Hinweis: Das Thema **Lineare Gleichungssysteme (LGS)** befindet sich auf S. 38.

1.2 Rechnen mit Matrizen

Addition und Subtraktion

Nur bei Matrizen vom gleichen Format möglich.

1. Beispiel: $\begin{pmatrix} 2 & 0 & 4 \\ 1 & -1 & 4 \end{pmatrix} + \begin{pmatrix} -2 & 3 & 2 \\ -1 & 0 & -4 \end{pmatrix} = \begin{pmatrix} 0 & 3 & 6 \\ 0 & -1 & 0 \end{pmatrix}$

2. Beispiel: $\begin{pmatrix} 5 & 2 \\ 0 & -3 \end{pmatrix} - \begin{pmatrix} 1 & 0 \\ 3 & -2 \end{pmatrix} = \begin{pmatrix} 4 & 2 \\ -3 & -1 \end{pmatrix}$

Skalare Multiplikation („Zahl · Matrix")

1. Beispiel: $4 \cdot \begin{pmatrix} 1 & -2 & 4 \\ 2 & 0 & 5 \end{pmatrix} = \begin{pmatrix} 4 & -8 & 16 \\ 8 & 0 & 20 \end{pmatrix}$

2. Beispiel: $\begin{pmatrix} -1 & 2 \\ 0 & -3 \end{pmatrix} \cdot (-2) = \begin{pmatrix} 2 & -4 \\ 0 & 6 \end{pmatrix}$

Multiplikation von Matrizen („Matrix · Matrix")

• Nur möglich, falls Spaltenanzahl der ersten Matrix gleich Zeilenanzahl der zweiten Matrix. Formatbeispiel: $(2 \times 3) \cdot (3 \times 2) \to (2 \times 2)$.

Beispiel 1

$\begin{pmatrix} 1 & -2 & 1 \\ 0 & -1 & -1 \end{pmatrix} \cdot \begin{pmatrix} 2 & 0 \\ 0 & -1 \\ 1 & 0 \end{pmatrix} \to$

$\begin{array}{c|cc} & \begin{pmatrix} 2 & 0 \\ 0 & -1 \\ 1 & 0 \end{pmatrix} & \\ \hline \begin{pmatrix} 1 & -2 & 1 \\ 0 & -1 & -1 \end{pmatrix} & 1 \cdot 2 - 2 \cdot 0 + 1 \cdot 1 = 3 & 1 \cdot 0 - 2 \cdot (-1) + 1 \cdot 0 = 2 \\ & 0 \cdot 2 - 1 \cdot 0 - 1 \cdot 1 = -1 & 0 \cdot 0 - 1 \cdot (-1) - 1 \cdot 0 = 1 \end{array} = \begin{pmatrix} 3 & 2 \\ -1 & 1 \end{pmatrix}$

$(2 \times 3) \quad \cdot (3 \times 2) \qquad\qquad\qquad\qquad\qquad\qquad \to \quad (2 \times 2)$

Beispiel 2

$\begin{pmatrix} 1 & 2 \\ 3 & 4 \end{pmatrix} \cdot \begin{pmatrix} 1 & 0 \\ 0 & 1 \end{pmatrix} \to$

$\begin{array}{c|cc} & \begin{pmatrix} 1 & 0 \\ 0 & 1 \end{pmatrix} & \\ \hline \begin{pmatrix} 1 & 2 \\ 3 & 4 \end{pmatrix} & 1 \cdot 1 + 2 \cdot 0 = 1 & 1 \cdot 0 + 2 \cdot 1 = 2 \\ & 3 \cdot 1 + 4 \cdot 0 = 3 & 3 \cdot 0 + 4 \cdot 1 = 4 \end{array} = \begin{pmatrix} 1 & 2 \\ 3 & 4 \end{pmatrix}$

• Es gilt: $A \cdot E = E \cdot A = A$. Wenn man die Matrix A mit der Einheitsmatrix E multipliziert (Reihenfolge egal), erhält man die Matrix A als Ergebnis. Die Einheitsmatrix E entspricht also der „normalen Zahl" 1.

• Achtung: Multiplikation von Matrizen ist nicht kommutativ. Die Reihenfolge macht also einen Unterschied ($A \cdot B \neq B \cdot A$).

Achtung : Division von Matrizen („Matrix : Matrix") ist nicht definiert !

1.3 Die inverse Matrix (A^{-1})

Vorüberlegung : Welche ist die „inverse Zahl" zu 3? Die Zahl 1/3! Grund: $3 \cdot 1/3 = 1$. Welche ist die inverse Matrix zu A? Diejenige Matrix, welche im Produkt mit A die Einheitsmatrix E ergibt: $A \cdot A^{-1} = E$ (Abkürzung für inverse Matrix: A^{-1}).

Beispiel : $A = \begin{pmatrix} 1 & 3 \\ 1 & 2 \end{pmatrix}$ und $A^{-1} = \begin{pmatrix} -2 & 3 \\ 1 & -1 \end{pmatrix}$ sind invers, da $\begin{pmatrix} 1 & 3 \\ 1 & 2 \end{pmatrix} \cdot \begin{pmatrix} -2 & 3 \\ 1 & -1 \end{pmatrix} = \begin{pmatrix} 1 & 0 \\ 0 & 1 \end{pmatrix}$.

Berechnung von A^{-1} : $\qquad \left(A \mid E \right)$

$\qquad$ gleiche LGS-Umformungen $\downarrow$ auf beiden Seiten

$$\left(E \mid A^{-1} \right)$$

Beispiel 1 : Inverse zu $A = \begin{pmatrix} 1 & 3 \\ 1 & 2 \end{pmatrix}$?

$\begin{pmatrix} 1 & 3 & | & 1 & 0 \\ 1 & 2 & | & 0 & 1 \end{pmatrix}$ $\qquad$ I $-$ II

$\begin{pmatrix} 1 & 3 & | & 1 & 0 \\ 0 & 1 & | & 1 & -1 \end{pmatrix}$ $\qquad$ I $- 3 \cdot$ II

$\begin{pmatrix} 1 & 0 & | & -2 & 3 \\ 0 & 1 & | & 1 & -1 \end{pmatrix} \to A^{-1} = \begin{pmatrix} -2 & 3 \\ 1 & -1 \end{pmatrix}$

Beispiel 2 : Inverse zu $B = \begin{pmatrix} 2 & 0 & 0 \\ 0 & 1 & -1 \\ 4 & 0 & 1 \end{pmatrix}$?

$\begin{pmatrix} 2 & 0 & 0 & | & 1 & 0 & 0 \\ 0 & 1 & -1 & | & 0 & 1 & 0 \\ 4 & 0 & 1 & | & 0 & 0 & 1 \end{pmatrix}$ $\quad$ III $- 2 \cdot$ I

$\begin{pmatrix} 2 & 0 & 0 & | & 1 & 0 & 0 \\ 0 & 1 & -1 & | & 0 & 1 & 0 \\ 0 & 0 & 1 & | & -2 & 0 & 1 \end{pmatrix}$ $\quad$ II $+$ III

$\begin{pmatrix} 2 & 0 & 0 & | & 1 & 0 & 0 \\ 0 & 1 & 0 & | & -2 & 1 & 1 \\ 0 & 0 & 1 & | & -2 & 0 & 1 \end{pmatrix}$ $\quad$: 2

$\begin{pmatrix} 1 & 0 & 0 & | & 0{,}5 & 0 & 0 \\ 0 & 1 & 0 & | & -2 & 1 & 1 \\ 0 & 0 & 1 & | & -2 & 0 & 1 \end{pmatrix} \to B^{-1} = \begin{pmatrix} 0{,}5 & 0 & 0 \\ -2 & 1 & 1 \\ -2 & 0 & 1 \end{pmatrix}$

Tipp : „Abkürzung" bei Format (2×2)

$A = \begin{pmatrix} a_1 & b_1 \\ a_2 & b_2 \end{pmatrix} \to A^{-1} = \dfrac{1}{a_1 \cdot b_2 - a_2 \cdot b_1} \cdot \begin{pmatrix} b_2 & -b_1 \\ -a_2 & a_1 \end{pmatrix}$ (für $a_1 \cdot b_2 - a_2 \cdot b_1 \neq 0$)

$A = \begin{pmatrix} 1 & 3 \\ 1 & 2 \end{pmatrix} \to A^{-1} = \dfrac{1}{1 \cdot 2 - 1 \cdot 3} \cdot \begin{pmatrix} 2 & -3 \\ -1 & 1 \end{pmatrix} = -\begin{pmatrix} 2 & -3 \\ -1 & 1 \end{pmatrix} = \begin{pmatrix} -2 & 3 \\ 1 & -1 \end{pmatrix}$ (siehe oben)

Inverse existiert nicht immer
- **Nichtquadratische** Matrizen haben **niemals** eine zugehörige Inverse.
- Auch manche quadratische Matrizen haben keine zugehörige Inverse: Dies erkennt man bei dem Versuch der Berechnung (nach obigem Schema) daran, dass die Matrix (links) nicht zur Einheitsmatrix umgeformt werden kann (hierbei wird mind. ein Diagonalelement zu 0).

Wozu inverse Matrizen? Um Matrizengleichungen zu lösen (siehe nachfolgende Seite).

1.4 Matrizengleichungen

Vorüberlegung: Wie kann die „Zahlengleichung" $3x = 9$ gelöst werden, ohne durch 3 zu teilen? Indem mit 1/3 (der „inversen Zahl" zu 3) multipliziert wird:

$$3x = 9 \quad |\cdot 1/3$$
$$x = 3$$

Übertragung auf Matrizengleichungen: Teilen durch Matrizen ist nicht definiert. Man löst Matrizengleichungen, indem man statt dessen mit der inversen Matrix multipliziert.

Beispiel

$$A \cdot X = B \qquad |\cdot A^{-1} \text{ von links}$$

$$\left(\begin{array}{l} A^{-1} \cdot A \cdot X = A^{-1} \cdot B \\ E \cdot X = A^{-1} \cdot B \end{array} \right)$$

$$X = A^{-1} \cdot B$$

Hinweise

- Teilen durch A ist nicht definiert (S. 137).

- Durch Multiplikation mit A^{-1} kann X isoliert werden.

- *von links*, sodass A und A^{-1} direkt nebeneinander stehen.

Weitere Beispiele

a)
$$XA + B = C \qquad |-B$$
$$XA = C - B \qquad |\cdot A^{-1} \text{ von rechts}$$
$$X = (C - B) \cdot A^{-1}$$

b)
$$AX + B = BX + 3B \quad |-B - BX$$
$$AX - BX = 2B$$
$$(A - B) \cdot X = 2B \qquad |\cdot (A - B)^{-1} \text{ von links}$$
$$X = (A - B)^{-1} \cdot 2B$$

c)
$$X + XA = B$$
$$X \cdot (E + A) = B \quad |\cdot (E + A)^{-1} \text{ von rechts}$$
$$X = B \cdot (E + A)^{-1}$$

(2. Zeile: Nicht die Zahl 1, sondern die Einheitsmatrix E steht nach dem Ausklammern in der Klammer.)

d) $AX + XB = C$

Nicht lösbar, da X weder nach links noch nach rechts ausgeklammert werden kann (Wegen $A \cdot X \neq X \cdot A$ (S. 137) darf die Reihenfolge nicht vertauscht werden.)

2. Übergangsprozesse

2.1 Stochastische Übergangsprozesse (Austauschprozesse)

Beispiel: In Kaffhausen eröffnen zeitgleich zwei Diskos A und B. Die Betreiber rechnen mit einer festen Anzahl an Jugendlichen, welche an jedem Samstag eine der beiden Diskos besuchen.

Ein Besucher der Disko A besucht am Samstag der darauf folgenden Woche mit einer Wahrscheinlichkeit von 70 % wieder Disko A (und mit einer Wahrscheinlichkeit von 30 % Disko B.)

Ein Besucher der Disko B besucht am Samstag der darauf folgenden Woche mit einer Wahrscheinlichkeit von 80 % wieder Disko B (und mit einer Wahrscheinlichkeit von 20 % Disko A.)

Darstellungsmöglichkeiten

Diagramm	Tabelle			Übergangsmatrix
$0{,}7$ $0{,}8$ $0{,}3$ A $\rightleftharpoons$ B $0{,}2$		von A	von B	$A = \begin{pmatrix} 0{,}7 & 0{,}2 \\ 0{,}3 & 0{,}8 \end{pmatrix}$
	nach A	0,7	0,2	• Stochastische Matrix mit **Wahrscheinlichkeiten**
	nach B	0,3	0,8	• **Spaltensumme = 1**

Merkmale

Eine **feste Anzahl** an beteiligten Objekten (z.B. Jugendliche), bewegen sich („tauschen") gemäß **Wahrscheinlichkeiten** schrittweise (z.B. von Woche zu Woche) zwischen verschiedenen Zuständen (Diskos).

Formel: $A \cdot \overrightarrow{x_{alt}} = \overrightarrow{x_{neu}}$ bzw. $\overrightarrow{x_{neu}} = A \cdot \overrightarrow{x_{alt}}$ (Reihenfolge je nach Aufgabenstellung)

Berechnung der Entwicklung

$\overrightarrow{x_0}$ (Anfangszustand)

$\overrightarrow{x_1} = A \cdot \overrightarrow{x_0}$

$\overrightarrow{x_2} = A \cdot \overrightarrow{x_1} = A \cdot A \cdot \overrightarrow{x_0} = A^2 \cdot \overrightarrow{x_0}$

$\overrightarrow{x_3} = A \cdot \overrightarrow{x_2} = A^3 \cdot \overrightarrow{x_0}$

...

Abkürzungen

$x_{...}$: proz. Verteilung bzw. Anzahl im Zeitschritt ...

A : enthält Übergangswahrscheinlichkeiten von einem Zeitschritt zum nächsten

A^2 : enthält Übergangswahrscheinlichkeiten von einem Zeitschritt zum übernächsten

...

• Durch Multiplikation mit A erfolgt die Berechnung „von Zustand zu Folgezustand".

• Bei „Springen" über mehrere Zustände erhält A eine entsprechende Hochzahl.

Beispiel (Disko)

a) Am Eröffnungstag befinden sich 20 % der Jugendlichen in Disko A und 80 % der Jugendlichen in Disko B. Berechnen Sie die Verteilung für den ersten (auf den Eröffnungstag folgenden) Samstag.

$$\vec{x}_0 = \begin{pmatrix} 0,2 \\ 0,8 \end{pmatrix}; \quad \vec{x}_1 = A \cdot \vec{x}_0 = \begin{pmatrix} 0,7 & 0,2 \\ 0,3 & 0,8 \end{pmatrix} \begin{pmatrix} 0,2 \\ 0,8 \end{pmatrix} = \begin{pmatrix} 0,3 \\ 0,7 \end{pmatrix} \textbf{(Formel)}$$

Am (auf den Eröffnungstag folgenden) ersten Samstag besuchen 30 % der Jugendlichen Disko A und 70 % die Disko B.

b) Berechnen Sie die Verteilung für den zweiten (auf den Eröffnungstag folgenden) Samstag.

$$\vec{x}_2 = A \cdot \vec{x}_1 = \begin{pmatrix} 0,7 & 0,2 \\ 0,3 & 0,8 \end{pmatrix} \begin{pmatrix} 0,3 \\ 0,7 \end{pmatrix} = \begin{pmatrix} 0,35 \\ 0,65 \end{pmatrix}$$

Alternativ $\vec{x}_2$ aus $\vec{x}_0$ berechnen:

$$\vec{x}_2 = A^2 \cdot \vec{x}_0 = \begin{pmatrix} 0,7 & 0,2 \\ 0,3 & 0,8 \end{pmatrix}^2 \begin{pmatrix} 0,2 \\ 0,8 \end{pmatrix} = \begin{pmatrix} 0,7 & 0,2 \\ 0,3 & 0,8 \end{pmatrix} \begin{pmatrix} 0,7 & 0,2 \\ 0,3 & 0,8 \end{pmatrix} \begin{pmatrix} 0,2 \\ 0,8 \end{pmatrix}$$

$$= \begin{pmatrix} 0,55 & 0,3 \\ 0,45 & 0,7 \end{pmatrix} \begin{pmatrix} 0,2 \\ 0,8 \end{pmatrix} = \begin{pmatrix} 0,35 \\ 0,65 \end{pmatrix}$$

Rechnen

c) Interpretieren Sie die Einträge der Matrix A^2.

„**Vorwärts**": Einsetzen in **Formel**

„**Rückwärts**": **LGS** (oder Inverse)

$$A^2 = \begin{pmatrix} 0,55 & 0,3 \\ 0,45 & 0,7 \end{pmatrix}$$

Z.B. 1. Spalte: Die Wahrscheinlichkeit, dass ein Jugendlicher, der heute Disko A besucht, in 2 Wochen wieder Disko A besucht, beträgt 55 %. Die Wahrscheinlichkeit, dass er in 2 Wochen Disko B besucht, beträgt 45 %.

d) Am einem Samstag besuchen 70 Jugendliche die Disko A und 130 Jugendliche die Disko B. Berechnen Sie hieraus die Besuchszahlen in der Vorwoche.

$$A \cdot \vec{x}_{alt} = \vec{x}_{neu} \quad \Leftrightarrow \quad \begin{pmatrix} 0,7 & 0,2 \\ 0,3 & 0,8 \end{pmatrix} \begin{pmatrix} x_1 \\ x_2 \end{pmatrix} = \begin{pmatrix} 70 \\ 130 \end{pmatrix} \quad \Leftrightarrow \quad \begin{matrix} 0,7x_1 + 0,2x_2 = 70 \\ 0,3x_1 + 0,8x_2 = 130 \end{matrix} \textbf{(LGS)}$$

Lösen des LGS: $\begin{pmatrix} 0,7 & 0,2 & | & 70 \\ 0,3 & 0,8 & | & 130 \end{pmatrix} \underset{II \cdot 0,7 - I \cdot 0,3}{} \Leftrightarrow \begin{pmatrix} 0,7 & 0,2 & | & 70 \\ 0 & 0,5 & | & 70 \end{pmatrix}$

LGS hat eindeutige Lösung: $\quad$ II: $0,5x_2 = 70 \qquad \Rightarrow x_2 = 140$

$\qquad\qquad\qquad\qquad\qquad$ in I: $0,7x_1 + 0,2 \cdot 140 = 70 \Rightarrow x_1 = 60$

In der Vorwoche waren 60 Jugendliche in Disko A und 140 in Disko B.

Hinweis: Alternativer Lösungsweg durch $\vec{x}_{alt} = A^{-1} \cdot \vec{x}_{neu}$ (mit inverser Matrix, S. 138).

2.2 Stabiler Vektor (stationäre Verteilung) und Grenzmatrix

Der stabile Vektor (Fixvektor, stationäre Verteilung) $\vec{x}$

Beispiel (Disko, S. 140): Man erhält folgende Verteilungen

$$\vec{x}_0 = \begin{pmatrix} 0,2 \\ 0,8 \end{pmatrix}; \ \vec{x}_1 = \begin{pmatrix} 0,3 \\ 0,7 \end{pmatrix}; \ \vec{x}_2 = \begin{pmatrix} 0,35 \\ 0,65 \end{pmatrix}; \ ... \ ; \ \vec{x}_{11} = \begin{pmatrix} 0,4 \\ 0,6 \end{pmatrix}; \ ...; \vec{x}_{20} = \begin{pmatrix} 0,4 \\ 0,6 \end{pmatrix}; \ ...; \vec{x}_{\infty} = \begin{pmatrix} 0,4 \\ 0,6 \end{pmatrix}$$

$$\Rightarrow \text{Stabiler Vektor: } \vec{x} = \begin{pmatrix} 0,4 \\ 0,6 \end{pmatrix}$$

Begriff : Der stabile Vektor $\vec{x}$ ist der Verteilungsvektor, der sich beim Prozess **nicht mehr ändert**, sobald er erreicht ist. Von einem Zeitschritt zum nächsten entsprechen sich dann alte und neue Verteilung.

Gleichung für stabilen Vektor : $A \cdot \vec{x} = \vec{x}$ $\left(\text{im Beispiel: } \begin{pmatrix} 0,7 & 0,2 \\ 0,3 & 0,8 \end{pmatrix} \cdot \begin{pmatrix} 0,4 \\ 0,6 \end{pmatrix} = \begin{pmatrix} 0,4 \\ 0,6 \end{pmatrix} \right)$

Berechnung des stabilen Vektors $\vec{x}$ (am Beispiel „Disko")	
1. Einsetzen von A und $\begin{pmatrix} x_1 \\ 1-x_1 \end{pmatrix}$ in $A \cdot \vec{x} = \vec{x}$.	$A \cdot \vec{x} = \vec{x} \Rightarrow A \cdot \begin{pmatrix} x_1 \\ x_2 \end{pmatrix} = \begin{pmatrix} x_1 \\ x_2 \end{pmatrix} \Rightarrow \begin{pmatrix} 0,7 & 0,2 \\ 0,3 & 0,8 \end{pmatrix} \cdot \begin{pmatrix} x_1 \\ 1-x_1 \end{pmatrix} = \begin{pmatrix} x_1 \\ 1-x_1 \end{pmatrix}$
2. Ausmultiplizieren, Lösen.	Ausmultiplizieren ergibt 2 Gleichungen mit (nur) einer Unbekannten: I. $0,7 x_1 + 0,2 \cdot (1-x_1) = x_1 \Rightarrow -0,5 x_1 = -0,2 \Rightarrow x_1 = 0,4$ $\left(\begin{array}{l} \text{II. führt zum gleichen Ergebnis :} \\ 0,3 x_1 + 0,8 \cdot (1-x_1) = 1-x_1 \Rightarrow 0,5 x_1 = 0,2 \Rightarrow x_1 = 0,4 \end{array} \right)$
3. Einsetzen in $x_2 = 1 - x_1$ und angeben von $\vec{x}$.	$x_2 = 1 - x_1 = 1 - 0,4 = 0,6$ $\Rightarrow \vec{x} = \begin{pmatrix} 0,4 \\ 0,6 \end{pmatrix}$

- Es gilt $x_1 + x_2 = 1$ (100 %). Hieraus ergibt sich $x_2 = 1 - x_1$. Deshalb wird im 1. Schritt $\begin{pmatrix} x_1 \\ 1-x_1 \end{pmatrix}$ für $\begin{pmatrix} x_1 \\ x_2 \end{pmatrix}$ eingesetzt. So wird beim Rechnen die Variable x_2 „eingespart".

- Bei 3 (statt 2) möglichen Zuständen gilt $x_1 + x_2 + x_3 = 1$ und damit $x_3 = 1 - x_1 - x_2$.

Einsetzen von $\begin{pmatrix} x_1 \\ x_2 \\ 1-x_1-x_2 \end{pmatrix}$ für $\begin{pmatrix} x_1 \\ x_2 \\ x_3 \end{pmatrix}$, dann LGS lösen. ($x_3$ „einsparen").

Die Grenzmatrix G

Begriff : Enthält Übergangswahrscheinlichkeiten von „heute" bis zum „Zeitschritt ∞".

Definition : Man erhält **G** aus **A**^{n} für $n \to \infty$.
(Da A$^\infty$ nicht berechnet werden kann, wird als Näherung z.B. A^{100} berechnet, wobei auch dies nicht ohne digitale Hilfsmittel möglich ist.)

Beispiel (Disko) : $G = \begin{pmatrix} 0,4 & 0,4 \\ 0,6 & 0,6 \end{pmatrix}$ $\left(\text{„Rechnung": } A^{100} = \begin{pmatrix} 0,4 & 0,4 \\ 0,6 & 0,6 \end{pmatrix} \right)$

Merkmal : Aus den Spalten von G kann der stabile Vektor abgelesen werden:

$G = \begin{pmatrix} 0,4 & 0,4 \\ 0,6 & 0,6 \end{pmatrix} \Rightarrow$ Stabiler Vektor: $\vec{x} = \begin{pmatrix} 0,4 \\ 0,6 \end{pmatrix}$

Bemerkungen

• Falls ein stochastischer Prozess eine Grenzmatrix besitzt, wird der stabile Vektor stets irgendwann und unabhängig von der Anfangsverteilung erreicht. Danach ändert sich die Verteilung nicht mehr. Der stabile Vektor bildet die „Endverteilung".
• Jedoch gibt es nicht zu jedem stochastischen Übergangsprozess eine Grenzmatrix.

2.3 Absorbierender Zustand

Begriff : Ein Zustand, der erreicht, aber nicht wieder verlassen werden kann.

Erkennbar an Übergangsmatrix A : Zustand mit **„Verbleibwahrscheinlichkeit" 100 %** (**Diagonalelement** hat den Wert **1**).

Beispiel
In einer Stadt gibt es nur die drei Dönerläden (D1, D2, D3).
Das Wechselverhalten der Kunden nach jedem Besuch wird durch
die Übergangsmatrix A dargestellt.

$A = \begin{pmatrix} 0,5 & 0 & 0,2 \\ 0,2 & 1 & 0,6 \\ 0,3 & 0 & 0,2 \end{pmatrix}$

a) Geben Sie den absorbierenden Zustand an.

Der Zustand D2 ist absorbierend, da hier eine Verbleibwahrscheinlichkeit von 1 vorliegt.

b) Geben Sie den stabilen Vektor ohne Rechnung an.

Stabiler Vektor: $\vec{x} = \begin{pmatrix} 0 \\ 1 \\ 0 \end{pmatrix}$. Irgendwann gehen alle Kunden zu D2.

Liebe Schülerinnen und Schüler,

über Fragen oder Anregungen zu den Inhalten dieses Buches freue ich mich sehr.

Stefan Rosner

(stefan_rosner@hotmail.com)